Rotraud A. Perner

Der *erschöpfte* Mensch

Rotraud A. Perner

Der *erschöpfte* Mensch

RESIDENZ VERLAG

Bibliografische Information der Deutschen Bibliothek
Die Deutsche Bibliothek verzeichnet diese Publikation in der Deutschen
Nationalbibliografie; detaillierte bibliografische Daten sind im Internet
über http://dnb.d-nb.de abrufbar.

www.residenzverlag.at

2. Auflage Februar 2012

© 2012 Residenz Verlag
im Niederösterreichischen Pressehaus
Druck- und Verlagsgesellschaft mbH
St. Pölten – Salzburg – Wien

Umschlaggestaltung: www.boutiquebrutal.com
Umschlagfoto: Sung-Il Kim/Corbis
Grafische Gestaltung/Satz: Gabi Adébisi-Schuster, Wien
Schrift: Minion
Gesamtherstellung: CPI Moravia Books

ISBN 978-3-7017-3266-1

Inhalt

Zu diesem Buch

Immer mehr Menschen spüren körperlich, seelisch und geistig, wie sie immer öfter ihre Motivation, Ausdauer, Vitalität, Lebensfreude und Lebenslust verlieren. Dann verhilft die ärztlich bestätigte Diagnose Burn-out zu einer mehr oder weniger längeren Auszeit aus dem Berufsdschungel. Nur: An den Auslösefaktoren ändert sich dadurch nichts. Irgendwann kehrt man ja doch zurück und merkt, dass sich nichts geändert hat, denn kaum jemand wagt ein quasi Burn-out-Outing – das Aufzeigen der strukturellen Faktoren, die zu Kraftverlust führen.

Dschungelgefahren können aber auch daheim wuchern und Energie abziehen. Wie oft unterwirft sich die eine oder andere Person in einer Partnerschaft oder Familie den Ansprüchen fordernder Personen entgegen dem eigenen Gewissen »um des Friedens willen« und verleugnet vor sich und anderen, was das an Schlaflosigkeit, Appetitverlust und Seelenweh auslöst. Man hofft, dass eigenes Entgegenkommen Gleiches bei anderen hervorrufen wird, und merkt erst bei mehrfacher Wiederholung, dass andere Personen unter Partnerschaft Verzicht auf Selbstermächtigung und Selbstbehauptung verstehen.

Die Symptome des sogenannten Burn-out sehe ich daher als gesunde Reaktionen auf ungesunde Zustände – und genau diese gilt es zu erkennen und zu ändern. Die dazu dienliche Energie zurückzuhalten, nützt nur den Energieräubern und bahnt den Weg in die Depression.

Rotraud A. Perner

1. Kraftvermessung

Kann es nicht sein, dass das Wissen um die Grenzen dessen,
was der Mensch ertragen kann oder was er nur mit den größten
Schwierigkeiten ertragen kann, oder wie seine Fähigkeit, das zu
ertragen, beeinträchtigt wird – kann es nicht sein, dass dieses Wissen
einen Ausgangspunkt für uns darstellt, die Lebensumstände,
ja das Leben selbst zu verbessern?
K. Menninger[1]

Es vergeht kaum ein Tag, an dem nicht irgendeine Berufs-
gruppe medial als hochprozentig gestresst, reif für die Insel
sprich für die Berufsunfähigkeitspension, zumindest aber
Burn-out-gefährdet geoutet wird.[2] Auf den Gesundheitsseiten
der gleichen Medien finden sich dann einschlägige Experten-
tipps sowie Erholungsangebote von Wellness-Hotels, neuerdings diskret verschränkt in Kombination mit Reha-Aufenthal-
ten für Suchterkrankte – weil keiner wissen soll, zu welcher
Kategorie von Gästen jemand zählt. Die Vernetzung der beiden

11

Zielgruppen wäre wohl wünschenswert, stellen sie doch jüngere und ältere Geschwister desselben Elternpaares dar.

Das Elternpaar heißt Überforderung und Energiemangel. Ihr Erziehungsstil heißt Angstmache und Unterwerfungsgebot.

Auch die ausufernde Werbung für eine Art Verjüngungsservice im Gesundheitstempel – einschließlich Trivialkopien antiker Tempelprostitution – folgt diesem Indoktrinationsmuster: Der gezielten Verängstigung dienen die laufenden Bilder von »young and beautiful people« im abendlichen Werbefernsehen genauso wie der permanent am Laufen gehaltene sogenannte Mainstream, der sich aus der Themenwahl wie aus der Präsentation der zugehörigen »Celebrities« speist.

Man bräuchte eigentlich nur kritisch zu beobachten, welche Personen mit welchen Botschaften der öffentlichen Aufmerksamkeit als Leitfiguren angeboten werden: Meist sind es etablierte, pensionierte Männer, die sich mit einer Frau im Tochteralter Babies »anschaffen« und nun »alte Werte« bejubeln, für die sie sich in jungen Jahren keine Zeit genommen haben, aus welchen Gründen auch immer – Karrieresucht, Konkurrenzängste, Zeitmangel oder auch Unreife. Es wäre falsch, nur die Langeweile der Unterbeschäftigung, die Angst vor dem Vergessenwerden oder Torschlusspanik als Anstoß zur Umkehr zu sehen. Das Lebensende vor Augen wollen viele das Rad der Zeit zurückdrehen, kosmetisch oder ideologisch, und sich zum Mahner für die anderen, mit denen sie nicht mehr mithalten können, aufschwingen.

Was dabei vergessen wird, ist, dass dies der Luxus einer gesellschaftlichen Minderheit ist, deren Stars medial als Werbeträger für allerlei Produkte promotet werden. In einer Zeit, in der die Mehrheit der Menschen in Mitteleuropa um ihre Existenz bangt, prekäre Arbeitsverhältnisse zunehmen und die Entsolidarisierung progressiv fortschreitet, treffen solche Vorgaukeleien vom einsamen Glückesschmied wie von der »guten alten Zeit« auf willige Gläubige: Wenn es der oder die geschafft hat, muss ich es doch auch schaffen. Man schaut nur mehr auf sich und phantasiert persönliches Wachstum und Aufstieg und achtet nicht auf die sozialen Rahmenbedingungen.

Wenn man diese Medienvorbilder nachfolgend mit dem Alltagsleben von Alltagspersonen vergleicht, lässt sich leicht erkennen, dass auf diese Weise künstlich Unzulänglichkeitsgefühle und damit Kompensationsbedürfnisse geweckt werden sollen. Zur Mängelbehebung bieten sich dann subtil angebotene Produkte und Dienstleistungen an, legale wie illegale Drogen sowie Eingriffe in Körper, Seele inbegriffen. Die Ratgeberliteratur boomt, Fachleute aus Psychiatrie, Psychologie und Psychotherapie konkurrieren um Marktanteile und versprechen Heilung von allen Übeln, ewige Glückseligkeit inklusive.

Die versprochene »Anleitung zum Glücklichsein« ist ein Verkaufsschlager geworden, besonders wenn die sogenannten Schönen und Reichen sich als Wissende oder gar Vorbilder anpreisen – diejenigen, die so fernab der Alltagslasten und abgeschirmt von Forderungen, ihr eigenes Leben kontrollieren zu lassen, in ihren Villen thronen und nur ab und zu von ihrem Personal oder aus seelentrostsuchenden Zuschriften vom Leben »da draußen« und »da unten« etwas erfahren.

Wer trotz Lektüre und gläubiger Nachahmung noch immer nicht vor Glück strotzt, ist selbst schuld, wird dann angedeutet, soll er oder sie sich halt eine Familie zulegen und aus Kinderaugen Glück »ziehen«. Nur: Wo aufbauwillige Partnerpersonen finden, mit denen dauerhafter Austausch gelingen könnte, wenn dem Durchschnittsmenschen zwischen Beruf und Fortbildung, von Minimalhaushaltserfordernissen abgesehen, keine Zeit mehr bleibt, sich in die Tiefenarbeit der Abstimmung mit jemandem einzulassen, der oder die überhaupt erst bereit sein muss, Zeit und Energie zu spenden und nicht nur narzisstische Zufuhr zu fordern?

Zur kritischen Beobachtung, was einem selbst Kraft nimmt, braucht es längerfristiges Innehalten, Nachspüren und den Mut, sich nicht an der allgegenwärtig melodiös propagierten und mit Hilfe von Glücksratgebern indoktrinierten Jagd nach dem Glück zu beteiligen. »Don't worry, be happy!« und »Yes we can!«, denn: »You can do it if you really want!«

Das ist nur die Begleitmusik und subtiles Product Placement zu einem Zeitgeist von Allmachbarkeit und Allmachtswahn. Potenz für ewig.

Energie folgt der Aufmerksamkeit, und wenn die Aufmerksamkeit auf die Jagd nach Glück durch Erfolg gelenkt wird, lenkt sie gleichzeitig vom Erkunden der Ursachen des Unglücklichseins und der Erfolglosigkeit ab. Beides gehört aber zu einem »ganzen«, einem vollständigen Leben dazu. Diese Schattenseite wird in einer Konsumgesellschaft, die für alles ein Produkt oder eine Dienstleistung anbietet, verschwiegen oder verleugnet.

Denn: Welchen Informationswert haben etwa Berichte über »späte Väter«, wenn nicht den, bei denjenigen Männern, die schon »in den Hosen lahmen«[3], die Nachfrage nach Viagra, Cialis & Co zu steigern? Gebildete Menschen sollten wissen, dass ab etwa vierzig die Gene nicht mehr die Güte besitzen wie mit zwanzig – Stress und Substanzmissbrauch unberücksichtigt. In Hinblick auf das zunehmende Phänomen der »Quarterlife Crisis« – der psychischen Erschöpfung Ende zwanzig – müsste der Zeitpunkt vermutlich sogar noch früher angesetzt werden.

Ebenso sollten Frauen merken, dass triumphierende Berichte über »böse Dellen« an weiblichen hinteren Oberschenkeln[4] nicht der Akzeptanz des hormonbedingten Bindegewebes von Frauen dienen, sondern suggerieren, Frauen sollten die gestählte Muskulatur von Bodybuildern aufweisen (abgesehen von Grenzüberschreitungen wie Meuchelfotos aus dem Privatbereich und der Überheblichkeit, sich als quasi Jury aufzuspielen) und daher die einschlägigen Dienstleistungen zur Tarnung von Alterungsanzeichen inklusive Fettabsaugung und Stilllegung der Mimik mittels Botox-Injektionen (insgeheim aber die Abwehr der Angst, seine Arbeitsstelle oder Partnerperson an Jüngere zu verlieren) kaufen.

Das sind nur ein paar immer wiederkehrende Themen. Es gibt noch viele andere. Das notwendige Lifelong Learning beispielsweise, denn »Weiterbildung und Weiterqualifizierung heißen also die Gebote der Stunde«, wie Karin Zauner in den *Salzburger Nachrichten* hinsichtlich der Wohlstandsferne gering qualifizierter Menschen mahnt und dennoch weiß: »Wer sogar mit Job zu wenig Geld hat, um halbwegs über die Runden zu kommen, wer voller Sorge ist, wie er und seine Familie durch den Alltag kommen, und wer zwei Jobs macht, damit alle Rechnungen bezahlt werden können, hat oft weder die Kraft noch die Möglichkeit, sich nebenher weiterzuqualifizieren.«[5] Diese Charakteristik trifft aber nicht nur die Sorgenvollen – sie trifft vor allem auch diejenigen, die meinen, sich keine Sorgen machen zu müssen, sollen oder dürfen, und die die Augen fest vor dem Moloch New Economy verschließen, der Eigenverantwortung und Eigenvorsorge als alleinige Kraftquelle für den individuellen Erfolg preist.

Denn alle eint das Idealbild, jeder Mensch müsste immer und ewig eine roboterhafte Perfektion und Leistung aufweisen,

Energie folgt
der Aufmerksamkeit.

alles andere wäre reparaturbedürftig und krank. »Burn-out identifiziert die Therapeutin als eines der dominanten *Leiden* und erzählt von Klagen über Leistungsdruck, Konkurrenzzwang und harte Arbeitsbedingungen« (Hervorhebung R.A.P.), heißt es in einem Interview mit Dr. Eva Mückstein, der Präsidentin des Österreichischen Berufsverbands der Psychotherapeut/innen.[6] Rund sechs Prozent aller Krankenstandstage würden auf psychische Probleme zurückgeführt; geplant sei daher, mehr Psychologen arbeitsmedizinisch einzusetzen, damit psychische Belastungen früher erkannt würden und man präventiv tätig werden könnte.[7] So dient der Mensch als reparaturbedürftiges Objekt zur Generierung von Arbeitsplätzen für Angehörige von Psycho-Berufen und Arbeitsmediziner/innen.

DIE INDIVIDUALISIERUNG VON VERSAGEN

»Im Mittelpunkt der Mensch« lautete ein Wahlslogan in den 1980er Jahren. Es stand aber nicht der Mensch inmitten seiner Arbeitsbedingungen und Arbeitsbeziehungen im Blickpunkt (wobei der Arbeitsplatz Haushalt selbstverständlich dazu zählt, denn Kraftverlust tritt nicht nur bei Erwerbstätigen auf). Das ist ja auch für Angehörige von Dienstleistungsberufen wie Psycholog/innen, Arbeitsmediziner/innen oder Unternehmensberater/innen die einfachere Blickrichtung; die schwierigere wäre die hin zur Arbeitsorganisation und zu den Managern, die ihre »Fürsorgepflicht des Arbeitgebers« allein durch Anordnung von Schutzverhalten gegen Arbeitsunfälle für erfüllt erachten.

Es ist immer leichter, »Störungen« im erwarteten Verhalten anderer als krank zu erklären, als etwa das eigene Kommunikationsverhalten, vor allem aber dessen Inhalte wie etwa Befehle, Drohungen, Demütigungen etc., kritisch zu überprüfen. Patient bedeutet »Leidender«, aber auch »Erduldender« und »Duldender«.

Das Wort »leiden« macht mich kritisch hellhörig ebenso wie das Wort »Krankheit«. In der sogenannten systemischen therapeutischen Arbeit bewährt sich die Technik des »Differenzierens«. So wie im ärztlichen Bereich die Differenzialdiagnose Verwechslungen ausschließen soll, achten korrekte Systemiker/innen auf die jeweilige Wortwahl: Bedeutet »leiden« Schmerzen haben oder nur, dass es jemandem »nicht gut geht«? Oder dass man traurig ist? Sorgenbelastet? Oder dass man von unangenehmen Zwangsgedanken heimgesucht wird?

Wenn sogenannte Expert/innen ein Wort gebrauchen, mit dem üblicherweise bestimmte Situationen und folglich Gefühle verbunden werden, braucht es ein inneres Anhalte- und Überprüfungs-Gebot, um Dramatisierungen – oder Verharmlosungen – zu enttarnen. Angehörige von Berufen, die medizinische oder psychologische Dienstleistungen anbieten, neigen zu Negativüberzeichnungen, sofern sie freie Kapazitäten besitzen und Kundschaft anwerben wollen – egal ob für Privatkliniken, Bücher oder Medienauftritte (womöglich noch mit Outings von Klient/innen) –, hingegen wiegeln sie oft ab, wenn sie überlastet sind und sich nicht mit drängenden Patientenwünschen auseinandersetzen wollen. Die Wahrheit – ob sie gerne neue Kundschaft gewinnen möchten oder nicht – sagen die wenigsten. Viele denken darüber auch gar nicht nach, sondern beten unbedacht wiederum mediale Informationen nach.

»Während der Arzt es zunehmend mit Zuständen zu tun hat, bei denen die Behandlung unwirksam, teuer und qualvoll ist, beginnt die Medizin die Prävention zu vermarkten«, zeigte der Historiker, Philosoph, Theologe und römisch-katholische Priester Ivan Illich bereits 1976 auf. »Der Begriff ›Morbidität‹ wird dahingehend erweitert, dass er auch die Risiken der Prognose deckt. Zusammen mit der Krankenfürsorge ist auch die Gesundheitsvorsorge eine Ware geworden – etwas, wofür man bezahlt, statt dass man es selbst täte.«[8] Und er stellt fest: »Die Menschen werden zu Patienten gemacht, ohne krank zu sein.«[9] Krankheit gilt als etwas Ähnliches wie höhere Gewalt und damit als Entschuldigungsgrund. So schließt sich auch der französische Soziologe Alain Ehrenberg der Kritik an, dass »man in unserer Wohlstandsgesellschaft von einem Medikament für Kranke zu einem für gesunde Menschen, die Schwierigkeiten haben, übergeht, dann weiter zu Medikamenten, die Leute mit normaler Befindlichkeit das Leben erleichtern sollen«.[10] Oder ihre Leistungsfähigkeit bzw. Belastbarkeit steigern – Doping also.

Allerdings stellt Ehrenberg auch fest, es wäre in einer gesundheitspolitischen Konzeption, in der man »Patienten ermutigt, sich für ihre psychischen Konflikte zu interessieren«, eine gute Neuigkeit, wenn es ein ungefährliches Medikament zur Verbesserung ihres psychischen Befindens gäbe: »Niemand fragte sich, ob man es mit echten Krankheiten zu tun hatte. Im Gegenteil, die Medikamente lieferten die Legitimation dazu, psychisch krank zu sein.« Und er schließt daraus: »Dies war einer der Faktoren, der dazu führte, der Psyche Einlass in die Gesellschaft zu verschaffen.«[11]

Man sollte also unterscheiden: Wo hat jemand Kraft verloren und wobei – und wo will jemand mehr Kraft aufbauen als die »Konkurrenz«? Solch eine Suche oder gar Sucht nach Überlegenheit und folglich Überheblichkeit verbraucht ebenfalls Lebenskraft, die besser im Wohlbefinden der Selbstakzeptanz gepflegt werden könnte. So bestätigt auch Ehrenberg, dass die

»Die Menschen werden zu Patienten gemacht, ohne krank zu sein.«

»Lust nach Rivalität und Kampf« – deren Motive, ergänze ich, in früher Kindheit und damaligen Erziehungszwängen zu finden sind – und die »Angst, mit ihr konfrontiert zu werden«[12], zu Energieverlust führen.

Je mehr Selbsthilferatgeber à la Louise Hay Verbreitung fanden, desto mehr nahmen sich Hobbybesserwisser das Recht heraus, mit psychologisierenden Laiendiagnosen nach dem Motto »Selber schuld!« Mitleid für Krankheit zu verweigern – zumindest für solche Erkrankungen, vor denen sie sich selbst gefeit hielten bzw. ihre Angst davor abwehrten. Ein Erfolgsmensch wird wohl selbstverständlich Erfolgsrezepte besitzen, wird unterstellt, und in Buchform veröffentlicht, werden sie als tägliche Routineübung verstanden und kopiert – ohne all die Details nachzufragen, welche Not erfinderisch gemacht hat.

»Die Risiken einer Routine-Diagnose werden noch weniger gefürchtet als die Risiken einer Routine-Behandlung, obgleich die durch die medizinische Klassifikation zugefügten sozialen, physischen und psychologischen Schäden nicht minder eindeutig bewiesen sind«, warnt Ivan Illich. »Die vom Arzt und seinen Helfern erstellten Diagnosen können die temporäre oder permanente Rolle des Patienten definieren. In jedem Fall fügen sie dem biophysikalischen Zustand einen *sozialen Status* dazu, der sich auf ein vorgeblich autoritatives Urteil stützt. (Hervorhebung R.A.P.) Wenn der Veterinär die Krankheit einer Kuh diagnostiziert, beeinflusst dies mitnichten das Verhalten der Patientin. Wenn der Arzt einen Menschen diagnostiziert, tut es dies wohl«, und Illich verdeutlicht: »Wenn der Arzt als Heiler fungiert, überträgt er dem als krank anerkannten Individuum gewisse Rechte, Pflichten und *Entschuldigungen*, die eine bedingte, zeitweilige Legitimität haben und erlöschen, sobald der Patient geheilt ist; die meisten Krankheiten hinterlassen auf dem Ansehen des Patienten keinen Makel abweichenden

19

oder ungebührlichen Verhaltens. Niemand kümmert sich um den Ex-Allergiker oder Ex-Blinddarmpatienten, genau wie niemand sein Leben lang als Ex-Verkehrssünder herumläuft.«[13] (Hervorhebung R.A.P.) In anderen Fällen kann die ärztliche Diagnose jedoch Patienten und sogar deren Kinder ein Leben lang diffamieren: »Indem er die Identität eines Menschen mit einem irreversiblen Makel belegt, brandmarkt er ihn für immer mit einem permanenten Stigma. Der objektive Zustand ist vielleicht längst beseitigt, das iatrogene (d. h. durch ärztliche Einwirkung verursachte, Anmerkung R.A.P.), Etikett bleibt haften. Ehemalige psychiatrische Patienten, Männer nach dem ersten Herzinfarkt, ehemalige Alkoholiker, Leute mit Sichelzellen-Anämie und (bis vor Kurzem) ehemalige Tuberkulöse werden – wie entlassene Sträflinge – für den Rest ihres Lebens zu Außenseitern gemacht«, dazu reicht bereits die Verdachtsäußerung. »Das medizinische Etikett bewahrt den Patienten vielleicht vor Bestrafung, nur um ihn endloser Umerziehung, Therapie und Diskriminierung auszusetzen, die zu seinem, von den Experten ihm zudiktierten Wohl über ihn verhängt werden.«[14] Und Illich formuliert drei Formen von Menschen-Etikettierung:
~ jene, bei denen Heilung versucht werden konnte;
~ jene, die nicht mehr herzustellen waren – er nennt Leprakranke, Krüppel, wunderliche Käuze und Sterbende,
~ und als dritte, neue Gruppe die der »medikalisierten Prävention«, welche »den Arzt zum offiziell bestallten Magier, dessen Prophezeiungen selbst jene treffen, denen die medizinischen Zaubertränke nichts anhaben konnten«, macht. Wenn man nun im Sinne Illichs der Ärzteschaft das Heer der Psycholog/innen, aber auch Psychotherapeut/innen zugesellt, wird verständlich, was Illich – langjähriger Rektor der Universität Puerto Rico und Seelsorger in New Yorker Slums – stört: »Im letzten Jahrzehnt wurde die Technik der automatischen

Multiphasen-Gesundheitstests praktikabel und allgemein als Rolltreppe des Kleinen Mannes in die Welt der Mayo-Kliniken und Diagnosezentren begrüßt.« Statt »begrüßt« könnte man auch das Wort »verkauft« einsetzen. Er schreibt: »Dieses Fließbandverfahren komplexer chemischer und medizinischer Untersuchungen kann durch paraprofessionelle Techniker bei überraschend geringen Kosten durchgeführt werden«, denn »angeblich bietet das Abermillionen Menschen eine differenziertere Feststellung verborgener therapeutischer Bedürfnisse ...«; und so können wiederum neue Krankheitskategorien entdeckt werden.[15] Beispielsweise Burn-out.

Aus meiner Sicht wird mit medizinischen oder psychologischen Diagnosen nur das als »Leiden« Bezeichnete individualisiert. Man registriert nur die Reaktion der betroffenen Person, eventuell noch auslösende Momente – und konzentriert sich dann je nach verfügbarer Methodik auf die Behandlung des »greifbaren« bzw. »ansprechbaren« Menschen. Je öfter man »Bedarf« nach der eigenen Wirksamkeit ortet, desto mehr sichert man damit auch den eigenen Arbeitsplatz.

Nach meiner jahrzehntelangen Erfahrung als Supervisorin und Coach von Teams und Führungskräften wäre es viel zielführender, statt Arbeitsplätze für Psycholog/innen oder Psychotherapeut/innen zu kreieren, einen systemisch-soziologischen Blickwinkel anzulegen: Welche Personen bzw. Gremien mit Macht versuchen mit welchen Methoden aus Mitarbeitern – oder Partnerpersonen und Familienangehörigen – welche Kraftleistungen herauszupressen?

Ich unterscheide dabei Leistung von Kraftleistung: Bei ersterer halten sich Mühe und Erfolg die Waage, bei letzterer gibt es nur Mühsal. Die Leistung besteht also in der Anstrengung, aber Erfolgserlebnis gibt es keines – der Erfolg heißt Kraftverlust, und wer mag den schon leiden?

»Leiden« ist nicht gleich Krankheit. Das Wort bedeutet als Zeitwort nur eine bestimmte Stimmung, denken wir bloß an Sätze wie »Ich mag dich gut leiden«, als Hauptwort hingegen eine Zuschreibung (die aber nicht stimmen muss). Ähnliche Zuschreibungen lauten »Belastbarkeit« oder aber »Versagen« (übrigens ein Wort mit bedeutsamem Doppelsinn!). Immer besteht als Vorgabe ein Idealbild, wie jemand – immer! – zu sein hätte. Immer gleich zu sein bedeutet aber tot sein – alles, was lebt, zeichnet sich durch Wellenbewegungen, durch Aufs und Abs aus, und nur im Idealfall sind diese gleichmäßig abwechselnd.

Erschöpfung bedeutet, wie das Wort schon ausweist, dass jemand seine Ressourcen ausgeschöpft hat und daher Zeit, nicht nur zur Regeneration, sondern meistens zu völliger Neuorganisation benötigt. Das sogenannte Burn-out zeigt sich als Vorstadium.

Burn-out ist ein gesundes Signal auf ungesunde Lebenssituationen.

Ich definiere daher Burn-out nicht als Krankheit, sondern als *eine* mögliche *gesunde* Reaktion auf ungesunde – gesundheitsschädliche – Lebenssituationen. Es gibt aber auch andere Reaktionsmöglichkeiten.

Wenn die Stammhirnreaktionen Kämpfen und Flüchten in Situationen, in denen die Gesundheit gefährdet ist, nicht möglich erscheinen, ohne die Zugehörigkeit zur Peergroup zu verlieren, bleibt nur Totstellen. Sich für die analogen Großhirnreaktionen Verhandeln, Distanzieren und Abwarten zu ent-

Burn-out ist ein
gesundes Signal auf ungesunde
Lebenssituationen.

scheiden, erfordert salutogenes strategisches Denken, und dieses wieder braucht Modelle.

Salutogenese ist eine Wortschöpfung des amerikanisch-israelischen Medizinsoziologen Aaron Antonovsky (1923–1994), der als Erster weg vom Krankheitsparadigma hin zum Gesundheitsparadgima die Frage stellte: Was unterscheidet die Menschen, die unter gleich gefährdenden Bedingungen gesund bleiben, in ihrem Verhalten von denjenigen, die krank werden?

Ich sehe die vielfach zu beobachtende Regression – das Zurückfallen in frühere Entwicklungsstadien – auf erprobte Verhaltensweisen aus der Kindheit durchaus als gesundheitsfördernd. Wen beispielsweise Fieber plagt, der tut gut daran, sich ins Bett zurückzuziehen und auszuschwitzen und nicht als Held oder Heldin der Arbeit seine Kollegenschaft anzustecken, Fehler zu machen und die Atmosphäre zu verschlechtern. Für solche Fälle von Leistungsabfall sind Regelungen für den Akutfall vorgesehen, Kontrolle durch die jeweiligen Krankenversicherungsträger inbegriffen.

Zur Erholung von akuten Stimmungsbeeinträchtigungen oder Energieverlust, welche Ursache sie auch haben mögen, gibt es kein Regelwerk, man ist auf Verständnis und Wohlwollen von Vorgesetzten und Mitarbeitenden angewiesen. In vielen Berufen kann man sich nicht einmal Urlaub nehmen, wenn man ihn braucht – denn: »Wo kämen wir denn da hin, wenn das alle täten?!« (Meine Antwort: Zur Notwendigkeit eines offenen innerbetrieblichen Dialogs, wie ihn Martin Buber[16] und David Bohm[17] vorgeschlagen haben.)

Das Grundproblem ergibt sich daraus, dass infolge der Dominanz des Krankheitsparadigmas nur die Reaktion – das Sich-subjektiv-schlecht-Fühlen – beachtet, daher bloß in diese eine Richtung gedacht und folglich »krank geschrieben« wird. Die anderen beeinflussenden Faktoren werden weitgehend ignoriert; es ist zwar modern geworden, im Sinne der sogenannten Lebensstilmedizin auch Ernährung, Bewegung und Entspannungsgewohnheiten zu hinterfragen[18], vielleicht auch private Beziehungsprobleme in Erwägung zu ziehen – der Blick bleibt aber unverändert in Richtung auf den »Patienten«, den leidenden Menschen gerichtet. Er oder sie soll sich halt »anpassen« – durchaus im Sinne des Darwin'schen Axioms vom »survival of the fittest«[19] – und auf größere Stresstoleranz hin trainieren. Aber genau diese Unterwerfungsstrategie unter das geheime Erziehungsmodell – jung, schön, belastbar, widerspruchslos – ist der Weg in Burn-out und Erschöpfung.

ZUGEHÖRIGKEIT

Es gehört zu den Grundbedürfnissen des »Sozialwesens« Mensch, sich in einer Gemeinschaft geborgen zu fühlen. Deshalb ist er auch nach der Theorie des Philosophen René Girard bereit, »auf dem Altar der Gruppenzugehörigkeit bereitwillig ein Opfer« darzubieten.[20]

Ist es zu Beginn des Lebens zuerst die Symbiose, dann die Dyade, d. h. innige Zweisamkeit, mit der Mutter bzw. ihrer Ersatzperson, erweitert sich dieser »soziale Uterus« durch die Zuwendung von ihnen nahe stehenden Personen. Schön, wenn der Erzeuger des Kindes die nötige Väterlichkeit aufbringt, auch seine Aufmerksamkeitsenergie, Geduld und Akzeptanz sowohl allein wie auch als Paar gemeinsam mit der Mutter dem Nachwuchs zu schenken – und wenn dies, aus welchen Gründen auch immer, nicht möglich ist, eine Herausforderung an soziale Kreativität, dazu eine neue Form zu entwickeln.[21]

Diesem Grundbedürfnis, akzeptiert zu werden, wie man ist, steht die Grundangst vor dem Herausfallen aus der sozialen Gemeinschaft gegenüber – war sie doch in frühester Kindheit Voraussetzung für das Überleben. Mit zunehmendem Alter sollte sie zunehmender Autarkie und Autonomie weichen. Sie führt andernfalls zu gesundheitsschädlicher Anpassung an fremdbestimmte Vorgaben, egal, ob sie aus der Familie, dem Beruf oder den Medien stammen, und frisst Energie, die man besser, nämlich zu sozialen Innovationen nutzen könnte.

Solche Ängste gestand sogar ein Genie wie Nikolaus Kopernikus im Vorwort zu seinem Werk »De Revolutionibus Orbium Coelestium« (»Über die Umlaufbewegungen der Himmelskörper«), das er erst kurz vor seinem Tod und auch nur auf Drängen seines einzigen Schülers Rheticus zur Veröffentlichung frei gab: »Ich kann mir leicht vorstellen …, dass manche Leute, sobald sie erfahren, dass ich in diesem von mir über die Umlaufbewegungen der Himmelskörper verfassten Buch der Erde gewisse Bewegungen zuweise, sofort ein Geschrei erheben werden, dass ich und meine Theorie zurückgewiesen werden sollten. Wenn ich in meinem eigenen Geist erwog, wie absurd ein solches Unterfangen denen erscheinen muss, die wissen, dass das Urteil vieler Jahrhunderte dieser Ansicht zugestimmt hatte, dass die Erde der unverrückbare Mittelpunkt des Himmels sei, und statt dessen versichern würde, dass die Erde sich bewegt – wenn ich all dies sorgsam erwog, *dann brachte mich die Verachtung, die ich wegen der Neuartigkeit und scheinbaren Abwegigkeit meiner Ansicht befürchten musste, beinahe dazu, die*

Dem Grundbedürfnis, akzeptiert zu werden, wie man ist, steht die Grundangst vor dem Herausfallen aus der sozialen Gemeinschaft gegenüber.

Arbeit aufzugeben, die ich begonnen hatte.«[22] (Hervorhebungen R.A.P.) In unserer Zeit hätte ihn vermutlich ein wohl kalkulierender Verleger zur Herausgabe gequält, da er sich von dem zu erwartenden Skandal zu Recht kaufmännischen Gewinn erhoffen könnte.

Doch wer kennt diese Anwandlung von Unsicherheit und Furcht, die Kopernikus beschreibt, nicht auch aus dem eigenen Leben? Man kann sie Angst nennen oder Vorsicht, mangelndes Selbstvertrauen oder realistische Einschätzung von Reaktionen – man bleibt dabei nur auf der *einen* Seite der sozialen Interaktion; es gibt aber auch die andere: die der Neider, jedoch vor allem der Verächter, Spötter, Ignoranten, Veränderungsunwilligen oder aber auch der nur Machtbewussten, die deshalb keine Kritik oder Entwicklung zulassen wollen, weil dann ihr Allprimat gefährdet wäre. Egal, von welcher Seite man solches Ringen um oppositionelle oder auch nur ergänzende Sichtweisen betrachtet – man stößt auf Ängste. Ängste, Zugehörigkeit und damit Energie zu verlieren.

Im Wort Zugehörigkeit steckt der Begriff des Hörens, doch auch dieser muss erst geklärt werden:

~ Hören kann man rein organisch ohne viel Verständnis;
~ man kann aber auch intuitiv mit dem geistigen Ohr der Phantasie vorausahnen, was man wohl zu hören bekommen wird;
~ man kann auf bestimmte Worte hören und damit wiederum unterschiedliche Botschaften heraushören;
~ man kann aber auch, wenn man darauf »geeicht« worden ist, wie es in manchen psychotherapeutischen Methoden praktiziert wird, mit dem sogenannten »dritten Ohr«[23] unausgesprochene unbewusste Botschaften entschlüsseln.

In dieser Unterscheidung zeigt sich bereits, dass viele Menschen nur einen Wahrnehmungskanal nutzen, einesteils, weil es ihnen so beigebracht wurde und sie gehorsam – auch da steckt der Begriff des Hörens drinnen! – sein wollen, anderenteils, um sich vor unerwünschten Gefühlen zu schützen. Solche können bereits bei nur gedanklichem Ungehorsam auftreten und zu massiver Angst oder ihrem Gegengefühl, massiver Wut führen. Da im gegenwärtigen Zeitgeist Coolness, also Freisein von Affekten und auch sonstigem Gefühlsausdruck, propagiert wird, erschöpfen sich viele Menschen nicht nur in deren Unterdrückung, sondern bereits in ihrer Selbstwahrnehmung.

GANZHEIT

Von C. G. Jung stammt die Anordnung der vier Grundformen der Wahrnehmung und damit auch des Bewusstseins in je zwei Gegensatzpaare: körperlich empfinden und intuitiv erahnen sowie seelisch fühlen und kognitiv denken. Entscheidend ist nicht, was man denkt, »sondern dass man mit der Funktion des Denkens und nicht z. B. des Intuierens an die Aufnahme und Verarbeitung der vom Außen oder vom Innen sich uns stellenden Inhalte herangeht«, und weiter: »Denken ist daher jene Funktion, welche vermittels einer Denkarbeit, also der Erkenntnis – d. h. begrifflicher Zusammenhänge und logischer Folgerungen – zum Verstehen der Gegebenheiten der Welt und zur Anpassung an sie zu gelangen sucht. Im Gegensatz dazu wird es durch die Funktion des Fühlens aufgrund einer Bewertung durch die Begriffe ›angenehm oder unangenehm, bzw. annehmen oder abwehren‹ erfasst.«[24] Jung bezeichnet beide Funktionen als »rational«, weil sie »mit Wertungen arbeiten«. Empfindung und Intuition benennt er hingegen »irrational«, weil sie »bei Umgehung der Ratio nicht mit Urteilen, sondern mit bloßen Wahrnehmungen, ohne Bewertung oder Sinnverleihung arbeiten.«[25]

Angst beispielsweise kann demnach auf viererlei Weise entschlüsselt werden: Körperlich manifestiert sich Angst in schnellerer und flacherer Atmung – der Körper macht sich fluchtbereit; in Kältegefühl – die Blutgefäße verengen sich, um möglichen Blutverlust bei Verletzung gering zu halten; kalter Schweiß bricht hervor, »es beutelt einen«. Seelisch bewirkt Angst Gefühle von Beklemmung, Anspannung, erhöhter Wachsamkeit, wohingegen intuitiv Phantasien möglicher Bedrohungen auftauchen; auch wenn viele Menschen nicht gewohnt sind, geistige Bilder wahrzunehmen, treten solche zumindest schemenhaft auf. Im kognitiven Denkprozess hingegen wird bewusst entschlüsselt, dass man Angst hat (und nicht nur eine Befürchtung) und wovor, was man dagegen tun könnte und welche Ressourcen, d. h. Hilfsmittel und Fähigkeiten, dazu nötig wären. Das können dann wiederum körperliche, seelische oder intuitive sein.

Körper, Seele und Geist sind eine Einheit und beeinflussen sich wechselseitig, vor allem aber komplex. Das klassische juristische lineare Denken – »Auf A folgt B«, daher muss es immer eine klare Ursache und klare Schuldige geben – hilft zwar, schnelle Rache zu üben oder Wiedergutmachung einzufordern, verengt aber den Blick auf die vielen Möglichkeiten, wie eine Situation verbessert werden könnte.

»Situationen, die einen überfordern, muss man vermeiden«, gab einmal ein lieber Freund von sich, ein soldatischer Mann, gewohnt zu befehligen und zu gehorchen. Ich, Juristin, und gewohnt, Verträge zu konzipieren und daher auch zu verhandeln, dachte mir dazu: »Und so lernt man nichts dazu und entwickelt sich nicht weiter!«

Angst zu bewältigen kann man lernen, wobei Bewältigen nicht Verleugnen bedeutet.

Angst zu bewältigen kann man lernen, wobei Bewältigen nicht Verleugnen bedeutet. Am schnellsten und leichtesten geht das über die bewusste Steuerung des Atems.

Im Jugendstiltheater, einem Prachtbau des Architekten Otto Wagner, auf dem Areal des Psychiatrischen Krankenhauses der Stadt Wien, bewarben einstmals Patienten ein Theaterstück mit dem Titel »Strategien gegen die Trauer: das Reden – das Saufen«. Dieses verschließt, macht »zu« und vergiftet, körperlich wie seelisch und geistig; jenes öffnet, drückt »aus« und entgiftet. Man braucht dazu Worte, und diese bestehen aus dem Geist im gelenkten Atem. Aber um statt unartikulierter Laute sich selbst erkennbar machen zu können und das auch zu wagen, braucht man Vorbilder und eine hinreichend schützende Umgebung. Beides ist Mangelware.

Mit dem Satz: »Wovon man nicht sprechen kann, darüber muss man schweigen« endet der »Tractatus logico-philosophicus« des österreichischen Volksschullehrers und späteren Lehrstuhlinhabers für Philosophie an der Universität Cambridge (in Österreich hätte er solch eine Anerkennung seines Denkens wohl nie erlangt!), Ludwig Wittgenstein.[26] Sprechen kann wohlgesetzte Worte bedeuten oder aber unbedachten Gefühlsausdruck, listiges Verbergen von Gedanken oder gequältes Herumreden im Ringen um Selbstausdruck.

ANFANGS- UND ENDWORTE

Um sprechen zu können, braucht man zuerst eine – bewusste oder unbewusste – Idee davon, was man zur Sprache bringen will. Im Gefolge der bereits zitierten vierfachen Möglichkeit von Bewusstwerdung, wie sie C. G. Jung beschrieben hat, kann solch ein Urbild körperlich oder intuitiv, seelisch oder kognitiv wahrnehmbar werden – was aber noch nicht bedeutet, dass das jeweilige Phänomen und die benennende Wortwahl zusammenpassen.

So fällt mir immer wieder auf, dass vieles, worüber man dringend sprechen sollte, keine präzisierende Bezeichnung besitzt – wie beispielsweise die Stimmungslage der Märchenfigur Rumpelstilzchen, wenn es sich zuletzt in zwei Teile zerreißt. Im Märchen der Brüder Grimm stößt das Männlein »mit dem rechten Fuß vor Zorn so tief in die Erde, dass es bis an den Leib hineinfuhr, dann packte es in seiner Wut den linken Fuß mit beiden Händen und riss sich selbst mitten entzwei«.[27] Diese Interpretation der selbstschädigenden Emotion als Zorn kann als Projektion aus der Sicht des Betrachters entschlüsselt werden. Wenn man hingegen empathisch nachspürt, wie sich das Männchen wohl gefühlt haben mag, nachdem es seinen Teil des »Arbeitsvertrags« – nämlich Stroh zu Gold zu spinnen – erfüllt hatte und nun um seinen ausgehandelten Lohn geprellt wurde, werden Anteile von Enttäuschung, Beschämung, Hilflosigkeit und Verzweiflung neben dem Wutausdruck wahrnehmbar. Wut unterscheidet sich im Gegensatz zum zielgerichteten Zorn dadurch, dass sie ungerichtet irgendwas oder irgendwen, daher auch sich selbst, treffen kann. Beide Gefühle eint aber, dass sie unerträgliche Spannung abführen; das kennt jeder Mensch, der schon einmal gefühlt und gesagt hat: »Mich zerreißt's!«

Im alltäglichen Sprachgebrauch wird vielfach nur ein Endwort gesprochen und damit die Aufmerksamkeit auf einen subjektiv-punktuellen Wahrnehmungsbereich gelenkt. Man ver-

Nur durch Zuschauen und oberflächliches Zuhören erwirbt man keine Sprachkompetenz, und Denkkompetenz auch nicht.

meidet damit die zeitaufwändige Nachspürarbeit, wie viele und welche Emotionen dem benannten Gefühl vorausgegangen sind. Dann würde man allerdings auch erkennen können, dass wir die Namen für unser subjektives Erleben unkritisch von anderen übernommen haben, meist sogar zu deren Vorteil. Denken wir nur an die Zuschreibung »frech« im Verbot des Widerspruchs, womöglich verbunden mit der Ausschlussandrohung: »Dann hab ich dich gar nicht mehr lieb!« Nachgefühlt und nachgedacht müsste das Anfangswort eigentlich »selbstbehauptend« lauten und dem unwillkommenen Verhalten mit einem Satz wie »Ich verstehe, dass dir das nicht recht ist, daher will ich dir erklären, weswegen ich darauf bestehen werde …« mehr Information beigegeben werden.

Leider wird Kindern und Jugendlichen viel zu wenig Anregung für präzise Sprachgestaltung und ihr vorgelagert exaktes Denken – denn bevor man spricht, sollte man doch seine Gedanken gesammelt haben – angeboten. Die Ursachen dafür sehe ich einerseits in der zunehmenden Beschleunigung aller Verrichtungen, damit vor allem auch der Kommunikation, sowohl in beruflichen wie sogar in privaten Beziehungen, andererseits im Verlust von interpersoneller Kommunikation durch einseitigen Konsum von audiovisuellen Medien. Nur durch Zuschauen und oberflächliches Zuhören erwirbt man keine Sprachkompetenz, und Denkkompetenz auch nicht. Man erwirbt nur Endworte.

Das Endwort verhindert Erforschung, Klärung und Erklärung, vielmehr setzt es fast dogmatisch fest, als was etwas zu verstehen ist. Ein Beispiel: »Pippas Po ist doch nicht perfekt.« So lautete die Überschrift über dem Foto, auf dem ich mit bestem Willen nicht die zitierten »bösen Dellen« erkennen konnte. Wer die bewertende Jury ist, bleibt geheim. Aber es wird suggeriert, Pippa, die Schwester der jungvermählten Ehefrau des ältesten Sohnes des britischen Thronfolgers, wäre »schuldig«, etwas unterlassen zu haben. Endworte entstammen dem mehr oder weniger beschränkten Wortschatz der benennenden, »urteilenden« Personen – andere Menschen könnten andere Wörterbücher heranziehen oder gar eigene Wortschöpfungen wagen, wenn sie sich nur trauen, das Eigene zu verteidigen, was ich sehr hilfreich finde, denn oft genug angewendet, bereichern Neologismen die Allgemeinheit.

Sprachlosigkeit, Sprachverwirrung und Sprachmüll sind Begleiterscheinungen einer Internet- und SMS-Generation, die sich in rasantem Tempo mit Kürzeln und Piktogrammen verständigt und damit einerseits Nachfühlen und Nachdenken verlernt, andererseits zunehmend die Fäuste statt den Mund sprechen lässt – es sei denn, man hat ausreichend Gelegenheit zum Gegensteuern durch gewaltverzichtende Face-to-Face-Kommunikation mit den Menschen, mit denen man Energie austauschen mag. Die Eltern sind dies selten, die sind eher Energieräuber.

NEOLOGISMUS BURN-OUT

Der Neologismus Burn-out hat sich als Allerweltsdiagnose eingebürgert, vor allem als Selbstschutz, wenn man sich die Differenzialdiagnosen depressiver Stimmungsveränderungen und die leider noch immer damit verbundenen Stigmatisierungen ersparen will. Denken wir nur an den Satz »Am Abend wird der Faule fleißig«: Jede Person, die schon einmal an einer depressiven Verstimmung gelitten hat, weiß, dass diese morgens am schwersten erträglich ist, sich hingegen zu Abend oft graduell verbessert. Mit Faulheit hat das wenig zu tun, sondern vor allem mit dem Gefühl der Erschöpfung – wobei das Wort Gefühl hier zwar ein Endwort in meinem Sinn ist, tatsächlich aber einen Verlauf beschreibt, der grundsätzlich ins Positive beeinflussbar und veränderbar wäre, leider aber im Gegenteil eben durch derartige Abwertungen verschlechtert wird.

Die Weltgesundheitsorganisation WHO prognostiziert für das dritte Jahrtausend, dass die häufigsten Gesundheitsstörungen neben Herz-Kreislauf-Schäden depressive Erkrankungen sein werden. Ich sehe zwischen beiden einen unübersehbaren Zusammenhang: Wie schon die Worte »warmherzig« und »offenherzig« einen Zustand des vertrauensvollen Zugangs zu anderen Menschen symbolisieren, hingegen Bezeichnungen wie »kaltes« oder »verhärtetes« Herz auf Vermeidung von Nähe, Zurückweisung von emotionaler Wärme, Geiz und Neid hinweisen, zeigt sich dahinter eine jeweils andere grundsätzliche Einstellung gegenüber der erlebten Welt. Diese basiert immer auf den Lernprozessen der Lebensgeschichte – wie man geliebt oder abgelehnt wurde, schon von Anfang an ein Reservoir von Herzensenergie anlegen konnte oder im Gegenteil die eigene Energie ausgebeutet, gestohlen, zerstört oder auch »nur« missachtet wurde.

Die unterschiedlichen Erscheinungsformen von Depressionen können grob als Energiemangel bzw. Energieverlust bezeichnet werden.

Der Soziologe Alain Ehrenberg zeigt in einer historischen Analyse, wie jung der Begriff Depression eigentlich ist: wie er nämlich in den 1950er Jahren die zuvor dominierende Diagnose

Die unterschiedlichen Erscheinungsformen von Depressionen können grob als Energiemangel bzw. Energieverlust bezeichnet werden.

»Asthenie« – Kraftlosigkeit – ablöste und wie das mit der »Erfindung« und Verfügbarkeit passender chemischer Behandlungsmethoden anstelle der vorher bevorzugten Elektroschocks zusammenhing. Er listet aber auch penibel auf, wie sehr über mögliche Unterschiede zwecks verbesserter Diagnostik, aber auch Ätiologie – Ursachenfeststellung – gerungen wurde.[28]

Diagnosen sind eben durchaus hinterfragbar. In der personzentrierten Gesprächspsychotherapie nach Carl R. Rogers werden sie überhaupt vermieden: Sie helfen dem konkret leidenden Menschen nicht, sich und seine Art der Lebensbewältigung zu verstehen, geschweige denn zu verbessern.

James Hillman, Jungianischer Psychoanalytiker und langjähriger Studiendirektor des C. G. Jung Instituts in Zürich, nennt die psychologische Diagnose sogar eine »Erzählform«: »Sie ist eine Charakterskizze in groben Zügen – Szasz[29] und Goffman[30] würden sie vielleicht lieber einen Rufmord (*character assassination*) nennen –, geschrieben in der Sprache des klinischen Spezialisten und dazu bestimmt, von anderen klinischen Spezialisten (keinesfalls aber vom Patienten) gelesen zu werden.« Das erinnert mich daran, dass mir in einem Kommunikationsseminar die teilnehmenden Pflegepersonen eines Rehabilitationszentrums für Unfallgeschädigte klagten, ein Patient hätte Einsicht in seine Pflegedokumentation verlangt und dabei den Satz entdeckt: »Patient ist störrisch wie ein Esel« … Hillman schreibt weiter über die Diagnose: »Sie sagt nicht aus, was jemand hat oder was jemand ist. Sie beschreibt sein Zustandsbild, beschreibt, wie sich sein Selbst dem Diagnostiker dargestellt hat. Die Diagnose über einen Menschen zu stellen heißt, aus ihm eine ›abnormale Geschichte‹ zu machen.« Diagnosen beanspruchten in ihrem »Historizismus«, für absolut faktisch genommen zu werden. »Diagnosen sind somit in hohem Maße kreative Schreib-Akte. Sie sind von ungeheurer Wirkung und

Tragweite – wie alle Fiktionen in der Phantasie und Vorstellung als Tatsachen maskiert werden. Das Selbstverständnis, das dem ›klinischen Denken‹ zugrunde liegt, ist vom Glauben an die Faktizität der gefundenen Erkenntnisse geprägt.«[31] Und er weiß auch von der oft destruktiven Wirkung von Krankheitsdefinitionen: »Dass die heilsame Wirkung sich oft genug nicht einstellt, dass die Krankengeschichte Entwürdigung und Diagnose anstatt Loslösung und Würde hervorbringt, beweist nur wieder, welche Macht Geschichten über uns haben, wie sie bestimmen können, wer wir sind.«[32]

Im Gegensatz zu den gewohnten Diagnosen zeichnet sich der als Burn-out benannte Zustand durch besondere Reizbarkeit aus: Man ist noch arbeitsfähig, auch arbeitswillig – im Gegensatz zum Zustand des »Überdrusses«, neuerdings mit der Wortneuschöpfung »Bore-out«[33] benannt –, aber man reagiert übertrieben aggressiv auf jede neue Arbeitsherausforderung oder Störung der Arbeitsplanung. Früher sprach man von »Nervenzusammenbruch«, wenn jemand kreischte: »Lasst mich endlich in Ruhe« – in Ruhe arbeiten beispielsweise. Konkret bedeutet dies: Alle noch verfügbare Kraft wird auf ein einziges Ziel fokussiert, jede Abweichung von diesem »Tunnelblick« – und damit auch jede Ablenkung – wird als Gefährdung wahrgenommen, nämlich wirklich wahr-genommen: Man spürt, dass man sich ganz knapp am Zusammenbruch befindet, dass daher Fehler zunehmen können bzw. werden, und man ist unfähig und unwillig, die Eigendynamik dieses Sogs in den absoluten Kraftverlust zu unterbrechen (was einem meist die besorgten Nächsten anraten). Man bleibt als »standhafter Zinnsoldat« am Posten und verwirklicht damit das, was ich das militärische Erziehungsmodell[34] nenne.

»Ein Zustand der Reizbarkeit ist Voraussetzung für die ›patriotische‹ Unnachgiebigkeit und Unduldsamkeit, die zu großen, unkontrollierbaren Konflikten mit rechtswidrigen Übergriffen, mit Körperverletzung und Totschlag führen«, schreibt der russisch-amerikanische Psychoanalytiker Immanuel Velikovsky, wenn er dafür plädiert, statt nur politischer und wirtschaftlicher Faktoren mehr psychologische und biologische Faktoren als Auslöser von Zerstörungs- und Selbstvernichtungsphänomenen zu beachten.[35]

Möglicherweise befanden sich diejenigen Staatsführer, die sich zu Kriegserklärungen entschieden, immer in der psychischen Ausnahmesituation, vom Entscheidungsdruck und den Empfehlungen ihrer Ratgeberschaft gestresst, bereit, ihre menschliche Hilflosigkeit mittels narzisstischer Größenphantasien zu kompensieren. Und genau dieser Allmachtswahn beflügelt diejenigen, die – aktiv wie passiv – glauben, »das geht schon noch« – nämlich irgendein Vorhaben fertig zu machen.

Fertig machen sie aber nur die übermäßig kooperationsbereiten, daher unkritischen, oder auf Folgsamkeit trainierten Menschen, die wider besseres Spüren (meist aber nicht Wissen) auf Widerspruch und Widerstand verzichten.

Im militärischen Erziehungsmodell wird schnelle Befehlsbefolgung eingeübt. Wer nicht sofort auf Zuruf reagiert, wird üblicherweise beschimpft und gedemütigt, um die verbotene Widerstandskraft als Aggression in die »richtigen« Bahnen, nämlich Hass auf sogenannte Feinde, zu lenken.

Zum Feind kann dabei jede Person werden, die im Wege steht, vor allem im eigenen Karriereweg, die erfolgreicher sein und diesen daher behindern könnte. Diese Angst vor Konkurrenz wird nicht nur von elterlichen Autoritäten geschürt, sondern auch durch mediale Geschwindigkeitssuggestionen, wenn etwa Reporter bei der Berichterstattung von Schi- oder Autorennen hektisch hecheln und keuchen, weil sie meinen, ihr vermutlich vor den TV-Geräten lümmelndes Publikum auf diese

Weise dynamisieren zu sollen; einen weiteren Anteil an der Temposteigerung bewirken die immer schneller funktionierenden Telekommunikationsgeräte.

Kaum merklich befinden sich immer mehr Menschen in einem Wettrennen nicht nur mit möglichen Wettbewerbern, sondern auch mit der Zeit – nur im Gegensatz zu den Profi-Rennläufern nicht nur kurzfristig und ohne ausreichende Regenerationsphasen, sondern auch ohne Masseure, Mentalcoaches, unterstützende Boxen-Crew und jubelnde Zuseherschaft. Und ohne fulminante Preisgelder.

2. Umgang mit Energie

Verzweiflung ist eine Krankheit im Geist, im Selbst,
und kann somit ein Dreifaches sein:
verzweifelt sich nicht bewusst sein, ein Selbst zu haben
(uneigentliche Verzweiflung);
verzweifelt nicht man selbst sein wollen;
verzweifelt man selbst sein wollen.
S. Kierkegaard[36]

Erschöpft ist man, wenn man merkt, dass die eigene Vitalkraft immer weniger und weniger wird und sich der »flatline«, bekannt als Nulllinie im EKG, bzw. dem in einer immer dunkler werdenden Abwärtsspirale gedachten Nullpunkt annähert. Depressive Menschen sprechen dann auch von »schwarzen Löchern«, in die sie sich hineingesaugt fühlen, und manche Tiefenpsychologen meinen darin eine Wiederholung der Angst des ungeborenen Kindes vor dem Druck der Presswehen und der Enge des Geburtskanals zu erkennen.

Hilflos einer äußeren Kraft ausgesetzt zu sein, löst heftige Gefühle aus. Angst, manchmal auch Angstlust. Ist man mit solchen Erlebnissen nicht vertraut, hat also derartige »äußere« Ereignisse noch nicht in »innere« Erfahrung und in eine dazu passende Coping-Strategie verarbeitet, setzt man alles daran, diesem Hinübergleiten in die vermutete andere Dimension des »Schlafens – vielleicht auch Träumens« zu entgehen.

VERKÖRPERUNGEN

Körperlich spürt man in dieser Abwärtswelle zuerst noch Verspannungen, dann nur mehr Schwere, nämlich Verlust der Muskelspannung; man meint, niederzusinken, und wird oft auch von Schwindelgefühlen ergriffen. Der Volksmund sagt dann, »den hat es niedergeprackt« oder »der ist eingegangen«, und meist wird bei solchen Aussagen Geringschätzung mittransportiert. Genau das nimmt noch weitere Energie, wird oft als Herausforderung angenommen, sich noch mehr zu bemühen, wieder Wertschätzung zu erleben – so wie man das im Schultraining gelernt hat –, aber diese Mühsal bedeutet nur weiteren Energieverlust und stärkt damit bloß die überheblichen Personen.

In der Schule lernt man, dass Energie durch Verbrennung geschaffen wird, man also dem Körper Nahrung zuführen muss, bevorzugt alles, was den Zuckerspiegel hebt und hält. Traubenzucker oder Red Bull?, heißt dann oft die Frage, oder anders gestellt: Will man altmodisch erscheinen oder urcool wie die Typen auf den Plakaten oder in der TV-Werbung? Dass Schokolade leicht antidepressive Wirkung besitzt, verführt zu dem Irrglauben, sie mache »mobil bei Arbeit, Sport und Spiel«, dabei macht die von ihr hervorgerufene Insulinausschüttung meist nur müde – wohlig müde gleich einem gestillten Säugling an der Mutterbrust. Die Wirkung zielt auf die hungrige Seele, nicht auf den erschöpften Körper.

Wer immer den Zustand der Unterzuckerung – den »heißen Hunger« – kennt, weiß: Entweder man hat Stresssituationen nicht wahrgenommen oder in ihren Wirkungen unterschätzt – eine verbale Kampfsituation etwa – oder man ist mit sich selbst unachtsam, das heißt im Klartext: lieblos umgegangen. Hat beispielsweise physisch gehungert, bis der Zuckerspiegel unter das lebenserhaltende Niveau abgesunken ist, hat das Warnsignal Übelkeit übertaucht und gemeint, jetzt wäre der sogenannte innere Schweinehund besiegt, der einen mit Fressphantasien vom Arbeiten abhalten wollte.

Der amerikanische Psychologe und Hypnotherapeut Ernest L. Rossi warnt vor dem Ignorieren nicht nur der wohlbekannten zirkadianen Rhythmen, die sich über ungefähr 24 Stunden erstrecken, sondern vor allem auch der üblicherweise verborgenen oder sogar abgestrittenen ultradianen, d. h. innerhalb eines Tagesablaufs auftretenden Zyklen, die einen Zeitraum von anderthalb Stunden umfassen. »Diese elementaren Zyklen, die sich auf Ruhe und Aktivität beziehen, beeinflussen zahlreiche wichtige psychische und körperliche Systeme wie geistige Wachheit, Stimmung, Kreativität, Energie, Appetit, körperliche Leistungsfähigkeit, Erinnerungsvermögen und sexuelle Erregung. In unseren Organen wird sozusagen eine ganze ultradiane Symphonie aufgeführt, bei der unsere Drüsen, Muskeln, das Blut, die Hormone und das Immunsystem bis zu den einzelnen Zellen und Genen eine Rolle spielen. Unser ganzes Wesen steht an jedem Tag unseres Lebens über ein Dutzend

Die Wirkung zielt auf die hungrige Seele, nicht auf den erschöpften Körper.

Mal unter dem Einfluss dieser 90- bis 120-minütigen Rhythmen.«[37] In der ersten Stunde dieses Rhythmus, so der Experte, »schwingen« wir uns auf einer »Welle« erhöhter körperlicher und geistiger Energie und Wachheit in der von ihm sogenannten »ultradianen Periode der Spitzenleistungen« nach oben, gleiten in den darauf folgenden fünfzehn bis zwanzig Minuten in ein Leistungstief mit Ruhebedürfnis; dies bezeichnet Rossi die »ultradiane Heilreaktion«. Diese wird aber meist aus Pflichtgefühl oder auch nur Ablenkung durch scheinbar attraktivere Alternativbeschäftigungen nicht wahrgenommen (im Doppelsinn des Wortes). »Wenn wir dieses Bedürfnis Tage, Monate oder sogar über Jahre hinweg ständig ignorieren«, mahnt der Psychobiologe, »unterbrechen wir die natürlichen ultradianen Rhythmen der Regeneration des Körpers und der Seele. Das führt in vielen Systemen des Körpers und der Seele zu Erschöpfung, Stress und psychosomatischen Störungen. Körperlich kann sich das in Form von Bluthochdruck, Magengeschwüren, einer allgemeinen Anfälligkeit für Krankheiten sowie in Form von Alltagsbeschwerden wie Rückenschmerzen, Kopfschmerzen und anderen Muskelschmerzen ausdrücken. Seelisch können Depressionen oder ein Gefühl der Unfähigkeit, Minderwertigkeitsgefühle, Stimmungsschwankungen und Probleme in der Liebe, im Beruf und beim Spiel entstehen. Das Ganze bezeichnen wir als das ultradiane Stresssyndrom.«[38]

Ich habe die Worte »schwingen« und »Welle« unter Anführungszeichen gesetzt, weil ich es als hilfreich einschätze, wenn man seine Stimmungen mit einer Wellenlinie vergleicht, in der man sich mal mehr, mal weniger oben – in Hochstimmung – oder unten – »am Boden«, wie der Volksmund so treffend formuliert – befindet.

Worte sind ja nur sprachliche Symbolisierungen für die Erscheinungsformen des Lebens im Sinne von: »Die Landkarte ist

nicht die Landschaft.«[39] Ich möchte das Wort »Stimmungs-
schwankung« vermeiden, weil es meist einen abschätzigen Bei-
geschmack beinhaltet, wie wenn es erstrebenswert wäre, keinerlei Veränderungen in der seelischen Befindlichkeit aufzuweisen.
Tatsächlich reagiert aber ein körperlich-seelisch-geistig ge-
sunder Mensch auf die – äußerlichen wie innerlichen – Beein-
flussungen mit genau diesem Instrumentarium – so wie sich
die Töne verändern, je nachdem, ob ein Musiker mehr oder
weniger Kraft – Atem oder Muskelkraft, tatsächlich aber »Sinn«
– seinem Musikinstrument einflößt oder aufdrückt, d. h. grob
gesagt: »antut«.

Genauso zeigt uns unser leib-seelisch-geistiges »Schwin-
gungsmuster«, was uns angetan wird – von anderen, von uns
selbst, aber auch von Umweltbedingungen. Manches ist bzw.
wäre leicht veränderbar, manches erfordert langfristige Strategien. Ich sage oft im therapeutischen Gespräch, wenn erschöpfte Menschen keine Möglichkeit sehen, aus der belastenden Situation auszusteigen: »Der Graf von Monte Christo hat
sich auch 14 Jahre vorbereiten müssen, bis sich die Gelegenheit
zur Flucht aus dem Chateau d'If ergeben hat!«

Es gibt einen süßen Psychiaterwitz, in dem sich zwei dieser
Seelendoktoren auf der Straße treffen, und der eine sagt zum
anderen: »Schauen Sie mich an, Kollege – wie geht es mir denn
heute?« Manche Leute schauen ins Zeitungshoroskop, um zu
erfahren, wie ihre aktuelle Befindlichkeit ist bzw. zu sein hat,
und richten sich nach dieser Suggestion, statt in sich selbst hi-
neinzuspüren, wie der eigene »Wetterbericht der Seele«[40] (eine
andere »stehende« Redewendung von mir) augenblicklich aus-
fällt.

Da die meisten Menschen wenig achtsam mit sich selbst umgehen – eine Folge des traditionellen militärischen Erziehungsmodells, das auf Durchhalten um jeden Preis ausgerichtet ist –, merken sie nicht, wenn körperlich, aber auch seelisch oder geistig Pausen, vielleicht sogar eine länger andauernde Fastenperiode, angesagt sind – oder sie definieren diese als Zeichen von Schwäche und Versagen und verleugnen oder verstecken ihre natürlichen Bedürfnisse.

Unser aller Grundbedürfnis besteht darin, unseren Energiekreislauf aufrecht zu erhalten.

Mit dem Wort »Kreislauf« will ich die »Welle« des Stoffwechsels ansprechen. Der körperliche ist wohl allen bewusst: Wenn man sich länger als zwei Tage nicht »entleeren« kann, fühlt man sich »vergiftet« und ist es auch tatsächlich. Man muss die Abfallprodukte entsorgen – draußen wie drinnen: Wer schon ein Aquarium besaß, weiß, dass die Fische sterben, wenn nicht von Zeit zu Zeit das Wasser erneuert wird. Heute taucht das Müllproblem global auf, und nicht nur bei der Entsorgung von materiellen Giftstoffen, sondern auch im Rahmen der von mir so bezeichneten Seelentoxikologie.

Wenn kein seelischer Stoffwechsel bewerkstelligt wird, zeigt sich analog der körperlichen Hartleibigkeit seelische Hartherzigkeit: Verlust der Fühlfähigkeit und damit auch des Mitgefühls, stattdessen zunehmende Gewalt oder aber oft extrem übertriebene intellektuelle Selbstbemitleidung, eine Art An-

Unser aller Grundbedürfnis
besteht darin, unseren Energiekreislauf aufrecht zu erhalten.

44

klage an Gott und die Welt wegen Ungerechtigkeit und Herzlosigkeit. Die anderen sollen stellvertretend die Gefühle zeigen und spenden, die man selbst nicht zu fühlen wagt.

Mangelnder geistiger Stoffwechsel zeigt sich oft in Form von Zwangsgedanken, unerwünscht wiederkehrende geistige Bilder mitgemeint. Letztere will ich deutlich von Intrusionen – dem überfallsartigen Auftauchen von Erinnerungsbildern an makrotraumatische Erlebnisse – unterscheiden, auch wenn sie auf eine Mikrotraumatisierung hinweisen können. Zwangsgedanken, Zwangsbilder, Zwangstöne – »Ohrwürmer« – zeigen vorerst nur an, dass die auslösende Information zu besonderen Emotionen geführt hat; das können durchaus auch angenehme sein, und man kann sie pflegen und damit verstärken, oder verarbeiten und damit nutzbar machen oder aber entsorgen.

Es liegt an uns, ob wir seelisch-geistiges »Material« als bloße biographische Details der zyklischen Erneuerung anheim fallen lassen oder für immer wiederkehrende Aufmerksamkeitsrituale horten wollen.

SEELENSPIEGELUNGEN

Psyche: das ist nicht nur ein gängiges anderes Wort für Seele, sondern auch ein Möbelstück mit vielen Schubladen und oben drüber einem Spiegel. Der Name passt. Heute aus der Mode gekommen, stand sie früher üblicherweise irgendwo im Schlafzimmer und je nach Nutzung im Eck, wenn sie nur zur Aufbewahrung von Wäsche, bevorzugt Unterwäsche diente, an hervorragendem Platz hingegen, wenn sie der kosmetikbewussten Hausfrau als Schminkplatz nutzbar war.

Üblicherweise verhalf Schminke dazu, die Spuren nächtlicher Um-Triebe und deren Folgen, die sogenannten venerischen Krankheiten, zu verdecken oder sich für den Heiratsmarkt attraktiv zu machen. In dem Filmklassiker »Von Winde verweht«

kneift sich Vivian Leigh als natürliche Südstaatenschönheit Scarlett O'Hara nur in die Backen, um rosig und damit gesund auszusehen. Das reicht. Heute quillt die Fernsehwerbung über von sogenannten Antiaging-Produkten. Welch ein Wort! Wie wenn man der Alterung entgehen könnte! In ihrem Eröffnungsvortrag zu dem Symposium »Stress und Alter« im Herbst 2005 sagte die österreichische Volksschauspielerin Elfriede Ott – gerade mal 80 Jahre alt geworden: »Es gibt kein Alter – es gibt nur ein Da-sein!«[41] Egal, wie alt wir sind – wir sind immer »alt« mit unterschiedlicher Zahl voran.

Wie alt wir aber aussehen, hängt weniger von unserem historischen Alter ab als von unserem biologischen, und das kann nach beiden Richtungen differieren – je nach den zu bewältigenden Stressportionen der jeweiligen Biografie.

Stress bedeutet im Englischen das Quantum derjenigen Belastung, die ein Material für seine durchschnittliche Lebensdauer aushalten sollte. In IKEA-Einrichtungshäusern sieht man oft Stampfmaschinen, die demonstrieren sollen, mit wie viel Stress man die Polstermöbel bei IKEA malträtieren kann, ohne dass sie kaputtgehen. Bei Menschen gibt es so etwas Ähnliches nur im Spitzensport, vor allem bei den Schifahrer/innen, die vordergründig den Triumph des Menschen über die Natur demonstrieren sollen – hintergründig aber Schnelligkeit propagieren, wie man aus der Werbung für Uhrenmarken an den Planken, die die Pisten begrenzen, ersehen kann. Aus diesem Grund habe ich es sehr anerkennenswert gefunden, dass die österreichischen Abfahrtssportler/innen geeint darauf hingewiesen haben, dass die Schädlichkeitsgrenze der Vertretbarkeit körperlicher Herausforderungen erreicht sei; das hatten mehrere schwere Verletzungen infolge der Hochgeschwindigkeiten deutlich gemacht. Es ist aber zu befürchten, dass die Schiindustrie in der nächsten Wintersaison mit Materialverbesserungen, die Organisatoren des Schizirkus hingegen mit noch mehr Mentaltrainings kontern und die Athleten mit noch höheren Prämien verführen werden. Gleichzeitig wird aber auch die Zuseherschaft mit der Aussicht auf den Kampf gegen die Zeit verlockt, sich dem Bewegungstempo anzupassen, zumindest mit der Atmung, auch wenn man mit der Chipstüte auf der Couch darniederliegt. So wird der mitfiebernde Zuschauende gleichfalls unbewusst an Rasanz gewöhnt und damit an die Alltagshetze im Beruf durch die permanent gesteigerten Arbeitsanforderungen.

»Alle Hast kommt vom Teufel«, zitiert James Hillman eine Weisheit des Volksmunds, und erklärt: »Psychologisch ausgedrückt heißt das, dass in unserem seelischen Verarbeitungstrakt der Teufel sitzt, wenn wir mehr Ereignisse ›bekommen‹ als wir auch wirklich erfahren können. Was wir aber wirklich erfahren, indem wir es in einem imaginativen Prozess verarbeiten, retten wir aus den Turbulenzen der Zeit und aus unserer eigenen Ignoranz. Wir besiegen den Teufel, indem wir einfach stillstehen.«[42]

In den Märchen ist es immer der Gottseibeiuns, der mit Aussicht auf finanziellen Gewinn und Erfolg bei den Frauen die Seelen kauft. Und dort gibt es dann auch meist ein liebendes Weib, das aus Unschuld – d. h. noch nicht schuldig geworden, weil selbst den Verlockungen von Gier, Geiz und Neid erlegen – die Falle erkennt und sich vergebens bemüht, den Geliebten vom Abweichen vom rechtschaffenen Weg abzuhalten. Sehr treffend hat Wilhelm Hauff in »Das kalte Herz« beschrieben, wie der arme, aber ursprünglich redliche Kohlenmunk-Peter sein Herz dem unheimlichen Holländer-Michel dafür verkauft, dass er immer so viel Geld in der Tasche hat wie der reiche Ezechiel und besser tanzen kann als der Tanzbodenkönig. Er macht nur den Fehler, mit Ezechiel Karten zu spielen – und da dieser verliert, hat er zuletzt genauso kein Geld in der Tasche wie dieser, erkennt aber dafür seine eigene Torheit.

Heute tappen auch immer mehr Mädchen und Frauen in diese hochstilisierte Konkurrenzfalle, wollen epilieren und schon gar nicht transpirieren und sich chirurgisch ein Einheitsgesicht auf einen Einheitskörper setzen lassen, nur um nicht an den künstlich hervorgerufenen Unterlegenheitsgefühlen leiden zu müssen. So fließt ihnen Energie weg und in die Kassen der Produkt- und Dienstleistungsanbieter (Psycho-Berufe durchaus mitgemeint).

Abwertend kritisiert zu werden kann die Qualität eines Minitraumas besitzen, und je größer die Öffentlichkeit ist, in der jemand diese Schmach widerfährt, desto größer und schwerwiegender wird die Traumatisierung. Als Nachwirkungen sind wie bei allen Traumata beispielsweise Verlust an Sicherheit, Einbußen an Selbstachtung, Vermeidungsverhalten, Intrusionen und Flash Backs, Zwangsgedanken und Zwangshandlungen, Schlafstörungen und auch psychosomatische Symptombildungen als Folgeerscheinungen wahrnehmbar. Meist erfolgt dann noch eine Sekundärtraumatisierung durch nahestehende Personen, die nun wegen dieser Verhaltensphänomene neuerlich verständnislos, abwertend, nörgelnd oder sogar verachtend reagieren. Dass dabei Schritt für Schritt Energie verloren geht und die betroffene Person in einen schwerwiegenden Leidenszustand oder gar in soziale Isolation geraten kann, ist als Folge von Mobbingerfahrungen in der Berufswelt in den letzten Jahren vermehrt zur Kenntnis genommen worden, nicht aber in anderen sozialen Feldern wie etwa Schule oder Freizeitplätzen, und schon gar nicht als verinnerlichtes Unzulänglichkeitsgefühl, das sich leicht breit macht, wenn man nicht den Vor-Bildern der Fernsehwerbung – immer cool, immer smart, immer deo-duftend, immer haarlos, immer vom anderen Geschlecht umschwärmt … – entspricht.

»Menschsein bringt gewisse Gerüche, Geräusche und Haarwuchs an bestimmten Stellen mit sich«, erinnerte der unkonventionelle Bildungsprofessor an der St. John's University in New York, Wayne W. Dyer bereits 1976. »Trotzdem werden von Gesellschaft und Industrie gewisse Ansichten über das körperliche Dasein der Menschen verbreitet. Schämen Sie sich über diese menschlichen Eigenschaften, so heißt es da. Lernen Sie, manche Dinge zu verstecken – am besten, Ihr wirkliches Ich hinter unseren Produkten zu verbergen!«[43]

Dann fließt ein Großteil Energie in diese Versteckarbeit und fehlt beim seelischen Wachstum, vor allem aber bei der Abgrenzung.

Der Begriff Abgrenzung wird meist im Sinne des Aufstellens von Barrieren verstanden. Wenn ich in Seminaren die Aufgabe stelle, Grenzen zu visualisieren, tauchen immer Bilder von Zäunen, Mauern, manchmal auch Gräben und undurchdringlichen Wäldern auf, also von unbeweglichen Hindernissen. So wird Abwehrenergie verewigt und damit die Möglichkeit biophilen[44] Wachstums kaum mehr möglich.

Viele Menschen unterdrücken aber ihre biophilen Regungen aus Angst, die »Gnade« ihrer Vorgesetzten zu verlieren, halten dadurch aber Energie zurück – stellen sich gleichsam tot – und erschaffen damit auch kein Vorbild für eine dialogische Form von Abgrenzung. Dabei würde es genügen, sich zu positionieren, etwa in dem Sinne: »Ich finde nicht richtig, was Sie tun!« oder, so wie ich es oft formuliere: »Hierbei dürfen Sie nicht mit meiner Unterstützung rechnen.«

Je mehr Gewalt auf den Gehsteigen zunimmt, desto mehr wird Zivilcourage gefordert (bei der Gewalt in der Nachbarwohnung oder im Büro ist das Thema Protest allerdings noch immer tabu). Dabei sehen die meisten Menschen vor ihrem geistigen Auge Bilder von körperlichem Kampf – tatsächlich liegt es aber vielmehr am Mangel an den biophilen seelischen

Zuständen Gewissensstärke – nicht Zorn –, Angstfreiheit – nicht Selbstüberschätzung – und Hilfsbereitschaft – nicht Überheblichkeit –, bei Menschen, die kein anderes Verhaltensmodell kennen als Kampf, Flucht oder Totstellen. Alle drei alternativen Seelenzustände sind verbunden mit einem körperlich wie geistigen Aufrichten und Über-sich-selbst-Hinauswachsen.

Vor etwa zwanzig Jahren durfte ich einem Medienmanager beistehen, der überfallsartig all seiner geliebten Aufgabenbereiche entkleidet worden war, weil er die illegalen Umtriebe seines Vorgesetzten nicht ignoriert und verschwiegen hatte wie die anderen aus der Kollegenschaft. Statt Anerkennung für seine Zivilcourage erntete er Kritik, Spott und Verachtung. Ich sagte ihm damals – und habe diesen Satz zwischenzeitlich vielen meiner Klient/innen mitgegeben: »Richten Sie sich auf – wachsen Sie! Dann treffen Sie die Giftpfeile nicht mehr ins Herz, sondern nur in die Wade!«

Sich aufzurichten und Aufrichtigkeit zu leben bedeutet oft Wagnis. Wenn man das aber weiß und bewusst – was nicht gleichbedeutend ist mit selbstgerecht – auf sich nimmt, hält man zu sich und nicht zu den anderen, ist also »ganz bei sich«, und dies kann Energieverlust verhindern. Es ist der Geist – der Spirit – der Aufrichtigkeit, der einen stärkt und Selbstsicherheit spendet.

Sich aufzurichten und Aufrichtigkeit zu leben bedeutet oft Wagnis.

»Sicherheit als endgültiger Plan ist eine Sache für Leichen«, provoziert Wayne Dyer und erklärt: »Sicherheit heißt, immer zu wissen, was geschehen wird, heißt: keine Spannung, kein Wagnis, keine Herausforderung. Sicherheit bedeutet: kein Wachstum, und kein Wachstum bedeutet Tod.« Und er enttarnt: »Außerdem: Sicherheit ist eine Legende.« Mit Sicherheit meint der Psychotherapeut die »äußeren Garantien«, Besitztümer, aber auch berufliche oder institutionelle Positionen; dem gegenüber bestünde die einzige wirkliche in der »inneren« Sicherheit, den eigenen Fähigkeiten zur Problemlösung zu vertrauen. Dyer erinnert, dass Wirtschaftskrisen, Naturkatastrophen oder schlichtes Pech Besitz vernichten können, aber nicht zugleich die Selbstachtung vernichten müssen. Er schreibt: »Sie können so fest an sich und Ihre innere Stärke glauben, dass Ihnen Besitz oder andere Menschen als bloßes erfreuliches, aber überflüssiges Beiwerk in Ihrem Leben erscheinen.«[45]

Was notwendig, nützlich oder überflüssig, vielleicht sogar schädlich ist, wurde früher von den – menschlichen wie auch institutionellen – Erziehungsinstitutionen vorgegeben. Heute werden wir von direkten oder indirekten Werbebotschaften berieselt bis behämmert und sind es dann oft auch.

Was für uns »wirklich« wichtig und wohltuend ist, können wir aber hauptsächlich intuitiv erkennen – wenn wir uns die Zeit nehmen, uns so weit zu ent-spannen, dass wir den Kern unseres Wesens spüren können, unser »Selbst« im Sinne von C. G. Jung: Das ist das Zentrum, in dem wir unsere »Maske« – das, was wir der Außenwelt präsentieren – abgelegt haben und damit unsere »niederen«, d. h. gesellschaftlich kaum akzeptierten Strebungen und Ziele als eben auch zu uns gehörig erkannt und verständnisvoll angenommen haben. So kommen wir zu unserem Mittel-Punkt, in dem unsere inneren Gegensätze zusammentreffen als ein »sowohl – als auch«. Das ist der geistige Ort, in dem wir »in Balance« kommen und »ganz« werden können, im Ein-Klang mit uns selbst. So können wir unsere Energie aus uns selbst erneuern, weil wir unseren »Schatten« – die ungeliebte dunkle Seite unserer Persönlichkeit – integriert haben; wir stehen quasi auf unserem Schatten, weil direkt unter der großen Lichtquelle über uns, wie auch immer wir sie nennen mögen, Gott oder Urenergie, Offenbarung oder Erleuchtung. Diesen Standort zu finden braucht Zeit und auch Mut.

Wenn dann Angst auftritt – und das ist vor allem die Angst vor Schmerzen, besonders vor dem seelischen Schmerz der Isolation, wenn man aus der sozialen Beziehung zu dem wichtigsten Menschen oder zu der relevanten Gemeinschaft herausfällt – kann sie mit Vertrauen ins Gleichgewicht gebracht werden. Wir wissen ja nie, was die Zukunft bringen wird.

Der chinesische Literaturprofessor Lin Yutang schreibt: »Der Mut zum eigenen Wesen ist etwas unendlich Seltenes. Der griechische Philosoph Demokrit meinte, er werde der Menschheit einen großen Dienst erweisen, wenn er sie von der Last zweier großer Ängste befreie: der Furcht vor Gott und der Furcht vor dem Tode. Damit sind wir aber immer noch nicht von einer weiteren, ebenso verbreiteten Furcht befreit: der Furcht vor unserem Nächsten.«[46] Lin Yutang weiß aber auch: »Die ideale Voraussetzung zum Genuss des Lebens bildet eine warme, sorglose und unerschrockene Seele. Mencius[47] bezeichnete als die drei ›reifen Tugenden‹ seines ›großen Mannes‹ die Weisheit, das Mitleiden und den Mut«, aber er schlägt vor, das Wort Mitleiden durch Leidenschaft zu ersetzen. »Haben wir nämlich keine Leidenschaft, so fehlt uns das, wovon wir im Leben eigentlich unseren Antrieb empfangen«, und er schwärmt: »Von einer Seele ohne Leidenschaft sprechen ist genauso unmöglich wie zu behaupten, es gäbe eine Musik ohne Ausdruck.«[48]

Unter Leidenschaft verstehe ich die Bereitschaft, heftige Gefühle zu ertragen. Das sehe ich als eine geistige Einstellung.

Körper, Seele und Geist bilden bekanntlich eine sich gegenseitig beeinflussende Einheit von Aspekten: Wir schaffen die Blickwinkel und damit Fragmentierungen, weil wir nicht gewohnt sind, alles zusammen zu betrachten, ohne zu trennen. Dabei wäre genau dies der Weg, nicht nur Gefahren zu sehen, sondern auch die Ressourcen von Prävention und Intervention und damit »heil« zu werden – und zwar nicht nur, nachdem jemand die Frage nach den Alternativen gestellt hat und man nun Schritt für Schritt eine Liste andenkt, sondern synchron, alles auf einmal. Anders gesagt: Die meisten Menschen haben für diese Form ganzheitlicher Wahrnehmung – noch – keine Neurosignatur entwickelt. Das kann man lernen (und in diesem Lernprozess liegt wohl auch die Attraktivität von sogenannten spirituellen oder schamanistischen Ausbildungen).

Die alternative Lernaufgabe besteht aber leider noch immer darin, von anderen abhängig zu werden, d.h. ihnen Teile eigener Energie zu überantworten, und zu bleiben, sodass diese davon profitieren: entweder, weil sie Macht durch Gefolgschaft erzielen wollen, oder Macht durch Finanzgewinn, auf jeden Fall aber Macht durch Ruhm. Dafür sorgen schon die unsäglichen Rankings – eine gleichsam verewigte Strategie des schulischen Wettbewerbs um die Klassenbestposition.

> Dass man nach Sicherheit strebt,
> wenn man sich unsicher fühlt,
> birgt die Gefahr in sich, falschen
> Versprechungen zu erliegen.

So wird der Wert eines Menschen in Quantitäten gemessen – in Einkommen, Untergebenen, Namensnennungen – und seine Definition als Ware, ja sogar Luxusgut, vorbereitet. Dadurch verändern sich die Beziehungen – es geht nicht mehr um den Genuss der Einzigartigkeit einer Person, an der man sich erfreuen kann, ohne sie besitzen zu müssen, sondern um deren Besitz, um damit andere zu beeindrucken. Und da Besitz leicht zerstört werden oder anderwärtig verloren gehen kann, suggerieren Versicherungsgesellschaften, dass man wiederum im gleichen System der Finanzwelt Unsicherheiten verhüten könnte. (Womit ich keineswegs Kritik am Prinzip der solidarischen Kostentragung bei gleichen Risiken üben möchte, sondern nur an der Angstmache bzw. kurzsichtigen Entlastungshoffnung, weil sie oft zum Auslagern von Verantwortungsdenken führt – wie ein Kind seiner Lehrerin sagte, nachdem es etwas zerstört hatte: »Wir sind eh versichert!«[49])

Dass man nach Sicherheit strebt, wenn man sich unsicher fühlt, birgt die Gefahr in sich, falschen Versprechungen zu erliegen.

SUCHTGEFAHREN

Von Alkoholkranken kann man als Begründung für einen Rückfall oft den Satz hören: »Mir ist es einfach schlecht gegangen.« Mit »schlecht« sind dann entweder Entzugserscheinungen gemeint, denn wenn noch nie jemand erklärt hat, wie sich Entzugssymptome bemerkbar machen, kann man sie nicht erkennen. Zur Wahrnehmung braucht man immer zuvor spezifische Wahrnehmungsneurone, zum Handeln dazu noch Handlungsneurone. Je komplexer die Aufgabe ist, die man zu bewältigen hat, desto vernetzter muss die zugehörige Neurosignatur sein – das entspricht der Erfahrung, wenn man die Beherrschung einer komplizierten Maschine lernt oder eine

Fremdsprache oder ein Musikinstrument zu spielen etc. Man weiß es vom Tun – meist weiß man es nicht vom neurophysiologischen Prozess her.

So wie Schokolade hebt auch Alkohol den Zuckerspiegel, sogar noch viel schneller. Körperlich. Nebenerscheinungen – Zerstörung von Gehirnzellen – inklusive. Es gibt ja noch viele andere Ersatzmittel für verloren gegangene Energie – Substanzen, aber auch Verhaltensprozesse.

Beispielsweise bedeutet auch Geld Energie – zwar eingefrorene Energie, aber dennoch wirksam als Anziehungspunkt für diejenigen, die hoffen, genährt zu werden oder anderwärtig partizipieren zu können. Als Kind schon sieht man Dagobert Duck ekstatisch in Goldstücken baden, während seinem armen Neffen Donald so gar nichts zu gelingen scheint – außer seinen Beziehungen zu seinen Neffen Tick, Trick und Track, während Onkel Geizhals in Einsamkeit genau das entbehrt, was wirklich nährt: Liebe.

Geld hilft aber auch, sich die Dinge zu kaufen, mittels derer man Aufmerksamkeits-, Zuwendungs- und letztlich Liebesenergie zu erzielen hofft: Kleidung, Kosmetik, Kraft-Fahrzeuge (welch passender Name!) oder auch »Zeichen auf der Haut«. Bildung und Charme hingegen sind unmodern geworden, sie passen nicht ins Zeitalter des Narzissmus, erfordern sie doch von vornherein einen Austauschpartner, das zeigt die jüngste Gehirnforschung hinsichtlich der Entstehung von Spiegelneuronen.[50] Die Qualität zwischenmenschlicher Beziehungsformen erwerben

Die Qualität zwischenmenschlicher Beziehungsformen erwerben wir im Austausch mit Bezugspersonen.

wir im Austausch mit Bezugspersonen. Wenn wir auf diese Weise keine positiven Erfahrungen gewinnen konnten bzw. die negativen überwiegen, wird verständlich, weshalb manche Menschen ihre Ersatzmittel lieber aus dem realen Giftschrank beziehen als sich weiter von Menschen vergiften zu lassen.

Ohne Nebenwirkungen, dafür aber mit meist hoher sozialer Anerkennung können Arbeitssüchtige rechnen, die sich mit Bergen von Arbeit vor zwischenmenschlichem Kontakt und damit ebenfalls psychischer Intoxikation bzw. Energieverlust schützen wollen.

Nach Marilyn Machlowitz[51] lassen sich vier Ausdrucksformen von Arbeitssüchtigen typisieren:

~ »Eingleisige« haben keinerlei andere Interessen.
~ »Vielseitige« sind quasi mit ihrer geliebten Arbeit »verheiratet«.
~ »Hans-Dampf in allen Gassen« verzettelt sich, weil er oder sie sich für zu viel gleichzeitig interessiert.
~ »Passionierte« machen alles zur Arbeit, auch ihre Freizeitaktivitäten.

Von einseitigen Erklärungen von Arbeitssucht wie Identifikation mit einem besonders tüchtigen Elternteil, Furcht vor Langeweile, eigener Trägheit oder Schwäche und Kontrollzwängen[52] halte ich nichts – eher sehe ich aufgrund meiner psychotherapeutischen Erfahrung den Schmerz bestimmend, in der Prioritätenliste einer geliebten Person weit hinten oder gar nicht vorzukommen. Ich sehe nicht die Identifikation mit Tüchtigkeit, sondern die Nachahmung des Kontaktvermeidungs- bzw. Energieverweigerungsmusters. Dazu können dann noch schwarzpädagogische Erziehungsmuster oder Provokationen durch einen »Kaktusboss«[53] treten, die aber auch wieder auf diese Quelle von mangelnder Einfühlung zurückgeführt werden können.

Der Psychologe Werner Gross schreibt, dass sich Arbeitssüchtige nichts gönnen können.[54] Das kann ich bestätigen – mit
einer Einschränkung: Statt sie zu loben, dass sie sich aufgrund
ihres Fleißes eine Pause verdient hätten, werden sie kritisiert,
bekommen also wieder keine positive energetische Zuwendung, sondern eine negative, müssen also eigene Energie und
auch Zeit, die damit neuerlich bei der Pflichterfüllung fehlt,
aufwenden, um sich von dieser »Beschmutzung« zu reinigen –
ein Teufelskreis. Dahinter verbirgt sich aber auch eine Art Bestrafung für die Person, die einem zumutet, ihr zuliebe die Aufmerksamkeit von der aktuellen Arbeitsaufgabe ab- und ihr zu-
zuwenden. »Die Leute sind aus dem Gleichgewicht geraten,
und das hat zur Folge, dass sie nur zu oft arbeitsabhängig werden. Sie brauchen die Arbeit, um die Löcher, die in ihrer Persönlichkeit entstanden sind, auszustopfen, und sie brauchen
allmählich den Stress, um sich auf Touren zu halten«, weiß
Werner Gross[55], und sie verachten alle, die nicht so arbeiten wie
sie. Ich beobachte sogar einen zunehmenden Konkurrenz-
kampf, wer mehr arbeitet als der bzw. die andere, wobei unter
Frauen sogar die weitgehend selbstbestimmbaren Haushalts-
und Sorgepflichten hoch aggressiv gegen fremdbestimmte Be-
rufsarbeit aufgerechnet werden. Dahinter verbirgt sich Kampf,
wertgeschätzt zu werden – oder das Gegenteil: anderen Wertschätzung zu verweigern. Das kann auch dadurch bewerkstelligt
werden, dass man sie auf Distanz hält, vor allem mit Hilfe von
hierarchischen Strukturen.

Arbeitssüchtige können mit zwischenmenschlichen Beziehungen nichts anfangen, schreibt Gross, weil es einfacher ist,
eine Beziehung zur Arbeit aufzubauen als zu einem Menschen,
und sie bei der Arbeit viel mehr Befriedigung fänden.[56] Daher
erschienen sie ja auch aktiv und lebenstüchtig, tatsächlich
wären sie aber unzufrieden und von innerer Unruhe geplagt.

Diese Unruhe entspricht dem Zustand des ungestillten Säuglings, der seine innere Leere in Herz und Magen signalisiert und erst »voll« und »still« wird, wenn sein Mundloch gefüllt ist und warme Flüssigkeit den Verdauungstrakt hinunterrinnt. »Außer diesen beiden Organen«, schreibt Lin Yutang, wenn er über Mund und Magen sinniert, »hat er, der Schöpfer, uns aber auch mit mannigfachen Begierden und Süchten ausgestattet und hat zudem das Loch in unserem Inneren bodenlos gemacht, also dass es ist wie eine Talsenke oder ein Meer, das nie gefüllt werden kann.«[57]

DAS LOCH IN DER SEELE

Mir gestand einmal ein Klient, Psychologiestudent, der sich selbst als sexsüchtig entschlüsselt hatte, im Augenblick der Selbsterkenntnis, all sein Hinterherjagen nach Frauen, Eroberungen und dem schnellen Kick könne ja doch nicht sein »Loch in der Seele« füllen. Ich entwickelte daraufhin meine Theorie vom »Kühlschrank-« oder »Eiskastensyndrom«: Man fühlt sich leer, spürt, dass irgendetwas fehlt, weiß aber nicht was, und sucht im Kühlschrank nach irgendetwas, ohne Hunger zu verspüren oder auch nur Appetit, es fällt einem eben nur der Frigidaire als Big Spender ein, weil man die Leere im Magen ortet statt im Herzen – so wie der Sexsüchtige seinen Mangel noch tiefer im Körper ortet. Wenn vorne keine Befriedigung erzielt wird, verschiebt er seinen hungrigen Schlund eben nach unten, manchmal sogar hinten (bei sich oder anderen). Den Kühl-

Diese Offenheit ist nötig, um die eigene Schaffenskraft, eine Form der Kreativität, wieder zu spüren.

schrank ersetzt dann das Rotlichtmilieu, das Pornokino oder der Computer.

Wenn wir daran denken, dass der hungrige Säugling im Akt des Stillens nicht nur die Wärme der Nahrung seinen Verdauungsapparat hinunterfließen spürt, sondern gleichzeitig – hoffentlich! – die Geborgenheit haltender liebevoller Arme, und oft auch in dieser Entspannung seinen Darm entleert, wird verständlich, weshalb diese Erinnerungsspur vielen zum unbewussten Motor ihres Such-, leider oft auch Suchtverhaltens wird. Sie suchen Wärme, also Energie. Ob sie sich die Wärme über Nahrungszufuhr, Alkohol oder die Erweiterung der Blutgefäße über den Adrenalinstoß in Stresssituationen – Sex mitgemeint – holen, ist dabei gleichgültig. Eine warme Badewanne täte es vielleicht auch, ist aber nicht so interessant.

Wärme hilft zu entspannen und damit wieder offener zu werden. Diese Offenheit ist nötig, um die eigene Schaffenskraft, eine Form der Kreativität, wieder zu spüren. Hier setzen unterschiedliche Elternersatzberufe an – von Wirtsleuten über Coaches und anderen beratenden und helfenden Berufen bis zu Prostituierten. Oft spenden sie nur scheinbar Zuwendungsenergie und nehmen stattdessen Geldenergie, so wie der Gauner Thénardier im Musical »Les Misérables« singt: »Immer herein! Ich krieg' Sie satt! Ich bin der beste Wirt in der Stadt. Die Konkurrenz pantscht und betrügt, rechnet euch schwindlig, knausert und lügt. Selten finden Sie soviel Sympathie, ein Ehrenmann bin ich, drum beehr'n Sie mich! Ich bin Herr im Haus, schleimig und charmant. Halte *meine* auf und küsse *Ihre* Hand. Ich bring euch in Schwung, manchmal auch in Wut, meine Gäste lieben mich als Tunichtgut ...«, und weiter verrät er seine Strategien: »Alles erste Wahl, weiß doch jedes Kind, stopf es in den Fleischwolf und schon nennt sich Rind. Leber von der Katz, Niere aus dem Pferd, Inhalt unsrer Wurst kenn ich nur ungefähr … welches Zimmer darf ich richten? Voll ist nur die Hochzeits-Suite! Preis ohne Extras – was dann ein paar Extras nach sich zieht! Aufschlag für die Laus, Extra für die Maus, zwei Prozent sind Stufengeld fürs Treppenhaus …«

In Hans Christian Andersens Märchen von »Des Kaisers neue Kleider« braucht es die »Stimme der Unschuld« – nämlich eines kleinen Kindes, das noch ohne Arg und Angst ist, und enttarnt, dass die Luftschneider dem Kaiser Luftkleider verkauft hatten – allerdings ohne viel Erfolg, denn, wie bei Politikern häufig als »Steherqualität« zu beobachten: »›Aber er hat ja gar nichts an!‹ rief zuletzt das ganze Volk. Das ergriff den Kaiser, denn das Volk schien ihm recht zu haben, aber er dachte bei sich: ›Nun muss ich aushalten.‹ Und die Kammerherren gingen und trugen die Schleppe, die gar nicht da war.«[58]

»Der Coach ist nicht der einzige Parasit, der sich an der gerissenen Beute weidet«, ätzt ähnlich die Volkswirtin und Psychoanalytikerin Corinne Maier. »Das Unternehmen gibt Millionen für zahllose ›Spezialisten‹ in Controlling und Beratung aus, die dafür bezahlt werden, dass sie sagen, was ihr Gesprächspartner hören will, und die Entscheidungsträger in ihren innersten Intuitionen bestärken.«[59] Die innerste Intuition laute dabei: mehr Gewinn – und als Strategie zur Zielerreichung empfehlen die »Lüftler«[60] ihre Kostenanalysen zur Einsparung. Dass sie dazu lange Zeit im Betrieb »mitlaufen« müssen, um in Beobachtungen und vielen Gesprächen zu erheben, wo Kosten eingespart werden können, was natürlich hohen Kostenaufwand verursacht, wird als logische Voraussetzung verkauft. Würde man in sogenannten Qualitäts-Zirkeln im partnerschaftlichen Dialog die Mitarbeiterschaft befragen, käme man zwar schneller und vor allem viel billiger zu den gleichen Ergebnissen. Warum das nicht geschieht, liegt am Vorurteil, man bräuchte für alles Experten – dabei sitzen die wahren

Expert/innen für die eigene Arbeit ohnedies bereits an den Schreibtischen oder stehen an Werkbänken etc. – und am Misstrauen, die Mitarbeiterschaft könnte ohne Eigensucht an Verbesserungen mitgestalten.

Was sich zu nah befindet, sieht man oft nicht – ebenso wie das, was zu entfernt ist. Das Expertentum der Betroffenen zählt oft zu dem, was durch Nähe verschwimmt – die Inkompetenz der sogenannten Experten hingegen kann oft durch abgehobene Inszenierungen Talmi als echte Gloriole erscheinen lassen – so wie im gleichnamigen Film der »Zauberer von Oz« mit Hilfe seiner ferngesteuerten Riesen-Kopfmaschine das Mädchen Dorothy beeindruckt, bis ihr Hund den Vorhang wegzieht, hinter dem der schlichte Scharlatan das zugehörige Schaltpult für seine »Licht-Spiele« bedient.

LICHTSPIELE

Ich spreche oft von »Lichtspieltheater« und meine damit die Inszenierung von Illusionen – was ja auch im Kino geschieht. Es wird eine Interpretationsmöglichkeit eines Drehbuchs ins Licht gerückt, während andere Möglichkeiten nicht realisiert werden, sondern im Dunkeln bleiben oder auch bleiben sollen.

Die »Luft-Berater« zeichnen üblicherweise eine Vision von steigendem Gewinn bei Minimierung von Personalkosten. Diese bestehen entweder in Erhöhung der Arbeitsportionen für die einzelne werktätige Person oder in der Verteilung des weitgehend gleichen Arbeitsanfalls auf weniger Personen – eine reine Schreibtischrechenaufgabe. Was einer Durchschnittsperson zugemutet werden kann, ohne deren Gesundheit zu schädigen, wird nicht bedacht. »Soll sich halt mehr anstrengen«, d. h. mehr Energie einsetzen, lautet dann meist die zynische Antwort. Hatten wir doch schon mal ... »Sollen halt Kuchen essen, wenn sie kein Brot haben ...«, hieß es damals, am Vorabend der Französischen Revolution, als das hungernde Volk vor dem Königspalast demonstrierte.

So wie die Luft-Berater beharrlich ignorieren, dass der Mensch nur eine bestimmte Portion Energie besitzt, die aber auch stetig regeneriert werden muss – und nur dann Energiezuwachs erfährt, wenn er oder sie liebt und geliebt wird, was in den Arbeitsbeziehungen meist nicht der Fall ist –, ignorieren die Leidtragenden ihrer Einsparmaßnahmen diese Tatsache. Energie, Lebenskraft – das ist das innere Feuer, der göttliche Funke, das Licht, das wir alle ins uns tragen und immer tragen könnten und sollten, das uns aber ausgeht, wenn wir in Sturm geraten oder das ausgelöscht wird, wenn man uns die Lebensluft entzieht.

»Vielerorts ist das Licht bereits ausgegangen, und um das Leben der Menschen zu erhellen, bleiben nur Drogen, Verbrechen, Alkohol und andere Auswege der Verzweiflung«, resümiert Matthew Fox und schlägt eine Brücke zu der verminderten Kreativität der Menschen, die aus Existenzangst vom Land in die anonymen Großstädte ziehen, wo Selbstausdruck wie auch Mitgefühl weniger zum Lebensstil zählen als in der ländlichen Nähe. »Wenn einem Menschen die Macht entzogen wird, sich auszudrücken, so wird er sich in brutalem Streben nach Macht ausdrücken.«[61]

Es besteht ein Unterschied zwischen Macht über andere und Eigenmacht, Schöpfungsmacht und damit Kreativität. Die braucht man, um in schwierigen Situationen neue Problemlösungen zu finden. Zu zweit oder in Gruppen geht das am besten, Verzicht auf hierarchische Machtspiele und partnerschaftlicher Dialog vorausgesetzt. Dann kann ein stärkender Energiekreislauf in Gang gesetzt werden. Aber genau dafür fehlen die Modelle – daheim und in den Medien. Im alltäglichen Lichtspiel- oder besser: Verdunklungsspieltheater.

Das Alltagsvorbild lautet »Anleitung zum Energieraub« und erzeugt erschöpfte Menschen. Erschöpfung – Verlust des inneren Lichts – bedeutet aber auch, Liebe, Hoffnung und Glauben zu verlieren.

3. Geheime Erziehungsziele

Was auch immer das selbstgesteckte Ziel sein mag,
die absolute Verfügbarkeit der Geschichte und
ihr Eintreten ins Reich des Möglichen und Machbaren
setzen die Menschen einer uneingeschränkten Gewalt aus,
denn sie entreißen ihnen jede ontologische Würde.
Die Menschen sind nicht mehr als Bausteine eines gigantischen
Gebäudes, Mittel, Hindernisse oder Skizzen eines Werkes,
das im einen Fall Hierarchie, im anderen Gleichheit heißt.
A. Finkielkraut[62]

Als Maria Theresia 1774 für Österreich und die Kronländer die
sechsjährige Unterrichtspflicht einführte – die im Gegensatz zu
Deutschland auch häuslichen Unterricht gestattet, da sie keine
Schulpflicht beinhaltet –, griff sie mangels säkularer Lehrpersonen auf ausgemusterte Militärangehörige zurück. Dementsprechend glich deren Unterricht auch dem Exerzieren:
strammstehen, Ohren steif und Mund geschlossen halten und
Regeln auswendig herunterschnurren. Kreativität unerwünscht, Gehorsam Pflicht.

Da weiterführende Bildung für die breite Masse ohnedies nicht vorgesehen war, genügte dies für die Landbevölkerung und später auch für das Industrieproletariat. Männer sollten zu kaisertreuen Soldaten geformt werden, egal, aus welchem Kronland sie stammten, die Frauen den Männern dienstbar sein, egal, ob es Vater, Onkel, Bruder, Ehemann oder Sohn war, den Obrigkeiten sowieso.

Dass blinder – nämlich unbedachter, daher auch nicht freiwilliger – Gehorsam selten gesundheitsfördernd wirkt, wusste man damals noch nicht, Gesundheit von Untergebenen war auch nicht von Belang. So sagt ja auch heute noch der Volksmund: »Vieh verrecken: tut den Bauer schrecken – Weiber sterben: kein Verderben.« Und Männer, die als Kanonenfutter vorgesehen waren, sollten sich auch keine Gedanken über ihre Gesundheit machen. Nur die Gesundheit der Generäle hoch oben auf dem Feldherrenhügel – oder später tief unten im Bunker –, die sollte schon bewahrt werden.

»Eine Organisation – ein Unternehmen, eine Kirche, eine Verwaltungsbehörde, ein Interessenverband – ist eine Einrichtung, an deren Spitze einige besonders kompetente, ausgewählte Menschen stehen, die den ›Untergebenen‹, den Mitgliedern, über die mittlere Führungsebene nahelegen, was gut und richtig für sie ist, und die die letzten, wichtigen Entscheidungen treffen«, schreibt das Autorenduo Deckstein und Felixberger in wohlwollender Interpretation der Realität. Dort ist nämlich von Kompetenz nicht immer viel zu bemerken. Förderung der Gesundheit der Mitarbeiterschaft gehört prinzipiell nicht dazu. Der eigenen auch nicht – und diese Selbstmissachtung wird oft als Rechtfertigung vorgeschoben: »Ich verlange von meinen Mitarbeitern nur, was ich auch selbst leiste.« Ohne das entsprechende Salär, versteht sich.

Im militärischen Modell ist ja auch von vornherein vorgesehen, Leib und Leben für Gott, Kaiser, Vaterland aufzuopfern. Ungehorsame wie Kriegsdienstverweigerer, Deserteure und andere Ehrlose gehören vor das Kriegsgericht, jedenfalls aber degradiert oder in Unehren entlassen. (Gilt übrigens auch für die »Soldaten Gottes«.)

Erst in jüngster Zeit beginnen manche Firmen mit innerbetrieblichen Gesundheitsprogrammen über Unfallverhütung hinaus – vor allem, weil sich herumgesprochen hat, dass damit die Arbeitsqualität steigt, Krankenstände schrumpfen und man außerdem noch öffentlichkeitswirksame gute Nachrede[63] erzielt. »Es ist dies letztlich ein Organisationsbild«, setzen Deckstein und Felixberger fort, »für das die strenge und für ihre Kriegszwecke effiziente Befehlshierarchie des preußischen Militärs Pate stand.«[64]

Wie man diese »Organisationsmaschine« steuert, war Inhalt der klassischen Führungskräftetrainings der 1970er und 1980er Jahre. Die Dreißigjährigen (männlich), die sich damals auf diese Weise für Leitungsaufgaben fit machen (lassen) wollten, sitzen heute vielfach noch an den Schalthebeln, in Aufsichtsräten oder reden als Alteigentümer den Kindern (zunehmend weiblich) in die Geschäftsführung hinein. Die Kinder sind dann oft meine Klient/innen.

Selten, aber doch lässt sich auch solch ein Senior coachen. So erinnere ich mich an einen Ex-Unternehmer und Funktionär seiner Innung, der seine Firma seinem Sohn übergeben hatte und sich nur einen kleinen Sektor als Altersbeschäftigung – und zum Erhalt seines Mandats – behalten hatte. Er wurde von Selbstzweifeln geplagt, was er denn falsch gemacht hätte, dass ihm sein Sohn für Warenbezüge nicht die Rabatte gewährte, die er erwartete. Erst als ich gezielt formulierte, er hätte seinen Sohn eben zu einem tüchtigen Geschäftsmann erzogen, der sich nicht emotional erpressen ließe, erhellte sich sein Gemüt: Jetzt konnte er stolz sein und aus dieser Sichtweise wieder Energie gewinnen, nämlich Eigenlobenergie. Vorher hatte er Energie durch Selbstpeinigung verloren.

»Sie können sich selbst nicht denken ohne Macht, Kontrolle, Weisungsbefugnis und die dazugehörigen, egostabilisierenden Insignien der alleinigen, autoritären Entscheidungskompetenz«[65], wissen auch Deckstein/Felixberger von diesen »alten« Helden der Arbeit, die meinen, aufgrund ihrer seinerzeitigen Verdienste nur mit ihren realen oder imaginären Orden rasseln zu müssen, um sofort durch kritiklose Huldigung genährt zu werden.

Dass sie mit ihrem Bedürfnis nach Anerkennung ihren Mitarbeitern Energie abziehen, kommt ihnen nicht in den Sinn. Das ist der Unterschied zwischen militärischem Führen – nämlich in den Krieg und Tod führen – und sozialem Führen, wie es in der »Fürsorgepflicht des Arbeitgebers« vorgesehen ist, die leider in der Mehrzahl der Fälle nicht wahrgenommen und schon gar nicht erfüllt wird.

Fürsorge wird üblicherweise weiblich definiert. So betont die kalifornische Soziologieprofessorin Nancy Chodorow, wenn ein Mann ein Kind allein aufziehe oder sich zumindest einem Kind gegenüber entsprechend benehme, könne man sein Verhalten durchaus als »mütterlich« bezeichnen. »Wir würden jedoch niemals das Verhalten einer Frau ›väterlich‹ nennen – selbst nicht in jenen raren Gesellschaften, in denen eine gesellschaftlich hochgestellte Frau sich eine Frau nehmen

Fürsorge wird üblicherweise weiblich definiert.

kann und dadurch zum sozialen Vater für deren Kinder wird. Wir nennen diese Frau zwar den sozialen Vater dieser Kinder, aber wir würden niemals sagen, dass sie ›bevatert‹.«[66] Mutterschaft, so die Wissenschaftlerin, ist also mehr als das Austragen eines Kindes, sondern bedeutet, eine Person zu sein, die pflegt und erzieht – und dies ist geschlechtsunabhängig.

Chodorow zeigt damit aber auch auf: »Als Ergebnis ihres Aufwachsens in Familien, in denen Frauen muttern, entwickeln also Mädchen und Knaben unterschiedliche Beziehungsfähigkeiten und ein unterschiedliches Selbstgefühl. Diese Geschlechterpersönlichkeiten werden durch Unterschiede in den Differenzierungsprozessen verstärkt, die ebenfalls durch das Muttern der Frauen ausgelöst werden. Die unterschiedlichen Beziehungsfähigkeiten und Identifikationsweisen bereiten Frauen und Männer auf die Übernahme ihrer Erwachsenen-Geschlechtsrollen vor, durch die Frauen hauptsächlich in der Reproduktionssphäre einer geschlechtlich ungleichen Gesellschaft angesiedelt werden.«[67] In einer militaristisch ausgerichteten Gesellschaft soll logischerweise vermieden werden, dass Männer »muttern«, d. h. rücksichtsvoll und fürsorglich mit »ungleichen«, z. B. schwächeren Mitgliedern der Gesellschaft umgehen, weil sie sonst nicht mehr als Killermaschinen taugen. Treten solche Erfordernisse an Fürsorglichkeit auf, werden sie an die Frauen in der Familie oder an helfende Berufe, in denen dann wiederum Frauen dominieren, weil sie dort Lob und Anerkennung erzielen können, abgeschoben. (Interessant ist in diesem Zusammenhang, dass mit dem Eindringen von Männern in den Beruf der »Fürsorgerin« so rund um die 1970er Jahre sich die Bezeichnung des Berufs auf »Sozialarbeiter/in« veränderte – nämlich als »Arbeit« definiert wurde!)

Aus dieser Perspektive betrachtet, erklärt sich auch, weshalb zwischen Polizeidienst und Sozialarbeit ein feindlicher Gegensatz phantasiert wird, statt beide Berufe als einander ergänzende in der Behandlung meist ohnedies derselben Klientel zu betrachten. Ich nenne das »Himmel-und-Hölle-Spiel«: Es werden die einen als Engel, die anderen als Teufel und damit als Nachfolger der »lieben Mama« und des »bösen Papa« gesehen – auch wenn die Realität zeigt, dass wir nicht identisch sind mit unseren gelegentlichen Verhaltensweisen. Menschen können immer auch anders. Ob sie aber wollen – oder Angst haben, sich zu weit vom erwarteten Geschlechtsrollenbild zu entfernen – ist eine andere Frage. Zum klassischen Männerrollenbild gehört es, ein Corps – einen einheitlichen Körper – zu bilden. Dem dienen Solidaritätsikonen wie die »Drei Musketiere« im Roman von Alexandre Dumas ebenso wie die filmischen Verherrlichungen von Soldatentreue, egal, ob im NS-Film oder in amerikanischen Melodramen über den Südstaaten- oder den Vietnamkrieg. Frauen wird die Fähigkeit zur Solidarität abgesprochen – obwohl gerade die bürgerliche ebenso wie die feministische Frauenbewegung das Gegenteil beweisen –, und dies hat möglicherweise Suggestivcharakter: Schon zu Zeiten der sogenannten Hexenverfolgungen sollte verhindert werden, dass sich Frauen bei gemeinsamer Textil- oder Medikamentenherstellung über ihre soziale Lage verständigen könnten.

Ähnlich beschreibt der Architekturwissenschafter Joachim Schlandt die hinter den Krupp-Siedlungen liegende Strategie: »Im Produktionsbetrieb besteht durch die ständige Konfrontation mit den für die Verrichtung entfremdeter Arbeit notwendigen Disziplinierungen und durch den latenten Konflikt mit Vorgesetzten eine wenn auch nicht immer offen zutage tretende Disposition für solidarisches Handeln gegen Unternehmerinteressen. Diese Disposition ist nicht aufhebbar, weil sie in der Natur des Arbeitsverhältnisses liegt. Der niederhaltende Druck, der sich mittels ihrer ökonomischen Abhängigkeit auf die

Arbeiter ausüben lässt, die damit verbundene Kontrolle selbst ihrer privaten Existenz, bedarf zumindest einer scheinbaren Rekompensation, um die ›freiwillige‹ Verinnerlichung des Herrschaftsverhältnisses und damit die Stabilität des Arbeitsfriedens zu erhalten.« Und Schlandt zeigt auf: »An einer ganzen Reihe von Kruppschen Siedlungen lässt sich die Absicht ablesen, Statussymbole anderer Gesellschaftsschichten auf die Arbeiterwohnungen zu applizieren. Mit solcher Architektur soll eine den sozialen Realitäten sich entziehende Umwelt geschaffen werden, auf die sich die emotionale Verankerung der Lohnabhängigen im gewünschten Sinn fixieren ließ.«[68] Dazu wurden Wohnformen der vorindustriellen Zeit reproduziert – »Man besann sich auf die schlichte malerische Art unserer alten Städte und Dörfer zurück«, wollte dem »Massenmiethause des Arbeiters den Eindruck des Kasernenmäßigen nehmen« –, dahinter aber lagen andere Interessen der scheinbaren Wohltäter, nämlich die Arbeiterschaft mittels mehrfacher materieller Verschränkung an den Betrieb zu binden – immerhin ist firmeninterne Ausbildung ein nicht zu unterschätzender Kosten- bzw. Gewinnfaktor, und Fluktuation nützt potenziell der Konkurrenz – und samt Familienangehörigen zum Wohlverhalten zu motivieren: »In dieser Überbewertung der dinglichen Nahwelt, der Konzentration auf das Detail, deutet sich bereits die bevorstehende Überführung weiter Kreise der Arbeiterschaft in die irreale Landschaft kleinbürgerlicher Gartenzwerge an, wozu ja auch die Verherrlichung der Gartenarbeit passt und die *durch Gärten auf Distanz gebrachten Häuser*. Alfred Krupp sprach von ›kleinen Wohnungen mit Gärten an verschiedenen Stellen in verschiedenen Gemeinden‹ und davon, ›solche denjenigen Arbeitern, welche brav sind und sich ein Haus erwerben wollen, unter angemessenen Konditionen zu überlassen …‹« (Hervorhebungen R.A.P.)[69] Und: »… der Arbeiter, der den ganzen Tag zwischen 1200 Mann sich bewegt, soll in seinem Haus mit seiner Familie sich unterhalten, der will nichts von störenden Nachbarn wissen.« Aber: »Das Auseinandersiedeln und Isolieren der Einzelfamilien in ›Bauernhäusern‹, die den Eindruck erweckten, es handle sich um ökonomisch selbständige Anwesen, geschah nicht zufällig: ›Gerade bei Werkswohnungen ist es von praktischem Wert, die Familien voneinander zu trennen und durch Bereitstellung eines kleinen Stalles und Gartens den Bewohnern Beschäftigung und Zerstreuung – eine Heimstätte im wahrsten Sinn des Wortes zu bieten‹«, zitiert Schlandt Alfred Krupp. Im Zuge der Wirtschaftsdepression 1933 änderte sich die Sprache der Krupp-Architekten, die nun von dem Mut sprachen, »den Vorwurf auf sich zu nehmen, der von ihm neu gestaltete Bautyp bedeute einen Kulturrückschritt. Er muss nicht von dem Idealbild ausgehen, das ihm für die Wohnform einer mehrköpfigen Familie vorschwebt, sondern von dem Wirklichkeitsbild derjenigen Wohnformen, die eben diese Familie bezahlen kann ...«, d. h. knappste Raumbemessung und wirtschaftlichste Grundrisseinteilung, ein anderes Mal auf eine »Vereinfachung der Baukonstruktion, damit diese ein denkbar großes Maß von Selbsthilfe erlaubt«.[70] Und Schlandt zieht das Resümee: »Diese neue Kärglichkeit, der Entzug zivilisatorischer Errungenschaften passte sich gut ein in die zunehmende und schließlich umfassende Militarisierung des Lebens. Mit der Transformation der Wirtschaft zur Wehrwirtschaft wurden die herrschenden Interessen zur hypertrophen Ideologie stilisiert: Kinderreichtum war nötig für die Germanisierung des Ostens, Volkshygiene für die Wehrertüchtigung. Der Siedlergedanke fand sich eingebaut in das Blut-Boden-Ethos.«[71] (Ähnliches findet sich in der israelischen Siedlerbewegung[72] in den illegal besetzten palästinensischen Gebieten, nur berufen sich dort die orthodox Gläubigen auf den Bund Gottes mit dem Volk Israel und die versprochene Landzusage, also ein unwiderlegbares Argument.)

GLEICHSCHALTUNG

Herausgekommen seien Menschen, die alles mit hoher Perfektion und Präzision verwirklichten, was von ihnen erwartet wurde, schreibt der Neurobiologe Gerald Hüther über die Abrichtung mittels Belohnung und Bestrafung in den letztvergangenen Jahrhunderten, ohne leider fairerweise Quellen wie beispielsweise Erich Fromm oder andere Soziologen und Psychoanalytiker, die diese Zusammenhänge bereits in den 1950er Jahren erforscht haben, auszuweisen. »Solche Menschen wurden im Maschinenzeitalter gebraucht, um die damals noch stark von menschlichen Handlungen abhängige maschinelle Produktion von Konsumgütern zu optimieren.« Er holt sich quasi Befruchtungsenergie von den Pionieren der politikkritischen Sozialforschung, ohne mittels Zitat Energie zurückzugeben.

Im militärischen Modell gibt es diesen Energierücklauf zumindest mit Ordensverleihungen an erfolgreiche Kommandanten, Truppe mitgemeint. Hüther schreibt weiter: »Um das zu ermöglichen, mussten die Menschen, die diese Maschinen bedienten, dazu gebracht werden, genauso zuverlässig zu funktionieren wie ihre Maschinen. Genauso pünktlich, genauso akkurat, genauso fehlerfrei, genauso pausenlos und genauso gedankenlos. Da konnte man keine Menschen brauchen, die unpünktlich waren, die sich nicht genau an die Bedienungsvorschriften hielten, die selbst mitdenken und ihre Arbeitsabläufe mitgestalten wollten. So etwas behinderte die Produktion. Gefragt waren brave Befehlsempfänger und tapfere Pflichterfüller, und die erzieht man eben am effizientesten durch Dressur. Am besten schon in der Schule«, und Hüther zitiert auch die für uns Psychotherapeut/innen so vertraute Berufserfahrung aus der Alltagsarbeit mit wenig veränderungswilligen Patient/innen: »Wer einmal so zu Hause oder in einer Erziehungs- oder Bildungseinrichtung abgerichtet wurde, wer das Ganze ausgehalten und wer sein späteres Leben dann noch einigermaßen erfolgreich bewältigt hat, ist später als Erwachsener nur schwer von der festen Überzeugung abzubringen, dass dieses Abrichtungsverfahren genau das ist, was alle Kinder brauchen, damit auch sie es zu etwas bringen.«[73]

In diese geheime Erziehungsstrategie der Einpassung in einen »zurecht gestutzten« Menschenblock gehört auch das Verbot, »ich« zu sagen. Meist wird es mit dem Appell verbunden, man müsse mehr Demut aufbringen. Aber Demut – die in meiner Interpretation Verzicht auf Hochmut bedeutet – ist nicht gleichzusetzen mit der Pflicht, sich demütigen zu lassen. Genau darum geht es aber meist: diejenigen, die glauben, hier die anderen »einbremsen« zu müssen, wollen sie doch selbst »hoch hinaus« und fürchten die nachrückende Konkurrenz. Selbst erpicht auf die Führungsposition, befehlen sie die Urheber/innen individueller Glanzleistungen zurück ins anonyme Kollektiv. Als ich an der Donau Universität die Professur für Prävention und Gesundheitskommunikation bekleidete, hatte ich einen heftigen Kampf mit einer wissenschaftlichen Assistentin auszustehen, die sich als die für Qualitätssicherung Zuständige verstand und nicht dulden wollte, dass ich denjenigen, die bei mir ihre Masterarbeiten schrieben, gestattete, Ich-Sätze zu formulieren.[74] Ich finde es unwürdig, Autor/innen zu »zwin-

Aber Demut ist nicht gleichzusetzen mit der Pflicht, sich demütigen zu lassen.

gen«, statt »ich« in Pflichtbescheidenheit »der/die Verfasser/in«
zu formulieren, und orientiere mich an Wissenschaftlern wie
Georges Devereux, Paul Feyerabend oder Ludwik Fleck, die zu
sich und ihrer persönlichen Sichtweise stehen und sich nicht
klein machen (lassen).[75] Denn allein die Zumutung dieses Ver-
bots nimmt Energie. »Wer sich nicht traut, in seinen Schriften
das Wort ›ich‹ zu gebrauchen, aus dem wird seiner Lebtage kein
guter Schriftsteller«, weiß auch der chinesische Literaturprofessor Lin Yutang.[76]

Mein Jungianischer Lehranalytiker berichtete mir einmal,
dass es einen afrikanischen Stamm gäbe, bei dem die Männer in
geraden Linien angeordnet und im Gleichschritt jagten und
nur auf Befehl ihres Anführers schießen dürften; wenn aber
einer vor dessen Erlaubnis losballere, würde er von den anderen
erschossen, selbst wenn er erfolgreich getroffen hätte. Disziplin
wäre der höhere Wert als die Erreichung des Zieles.

Disziplin und Gehorsam, die klassischen militärischen bzw.
»industriellen« Tugenden, sollen nicht nur Rebellion und Revo-
lutionen verhindern, sondern unterbinden zusätzlich Selbst-
entfaltung und Kreativität und damit wesentliche Bausteine
von Lebenskraft und Lebensfreude. Als Erziehungsziele bewirken sie »brave« und »stille«, eigentlich depressive Kinder; wer
den Gesichtsausdruck der »depressiven Maske« erkennen kann,
sieht ihn auf den Familienfotos des 19. Jahrhunderts bis weit in
die 1970er Jahre hinein. Auch ich war ein »lustloses«, sprich de-
pressives Kind – und ersehe dies an den wenigen Kindheitsfotos,
die es von mir gibt –, das nur aufgelebt hat, wenn es dem El-
ternhaus entfliehen konnte. Ich war ein extrem braves Kind, das
auch im Luftschutzkeller nie geweint hat; meine Eltern verstanden nie, weshalb ich ängstlich war. Dass sie – beide dem Lehr-
beruf angehörend – es waren, die Angst bei mir auslösten, kam
ihnen nie in den Sinn, waren sie sich doch ihrer Erziehungsme-

thoden – in der Ecke stehen mit dem Gesicht zur Wand, auf Holzscheiten knien, tagelang schweigen – sicher, weil aus der eigenen Kindheit des Jahrhundertwechsels gewohnt. Damals genossen noch die pädagogischen Empfehlungen des Arztes Moritz Schreber, 1808–1861, nach dem auch die Schrebergärten mit ihren in Reih und Glied gepflanzten und brutal zurechtgestutzten Spalierobstbäumen benannt sind, hohe Anerkennung und Nachahmung. Beide Söhne Schrebers – die liebsten Übungsobjekte seiner Körperertüchtigungsprogramme – wurden wahnsinnig und beendeten ihr verzweifeltes Leben mit Selbstmord. Der Londoner Psychiater Morton Schatzman entdeckte die Parallelen zwischen den Symptomen des Verfolgungswahnes des jüngeren Sohnes Paul Daniel, 1842–1911, eines anerkannten Richters und sogar Gerichtspräsidenten, der in einer Episode geistiger Gesundheit das Buch »Denkwürdigkeiten eines Nervenkranken« verfasst hatte, und den Schriften des Vaters.

Schatzman fasst die Erziehungsgrundsätze von Schreber senior wie folgt zusammen: »Männer müssen dominieren; die Sexualität der Kinder und Heranwachsenden muss überwacht werden; zwei Erwachsene (die Eltern), wie dumm, fanatisch oder intolerant sie auch sein mögen, müssen die Moral ihrer Sprösslinge, zumindest bis zur Mitte oder Ende der Adoleszenz, reglementieren; die Kinder müssen frühzeitig lernen, sich – häufig unkritisch – dem Willen ihrer Eltern unterzuordnen.« Ob und wie man die durchaus wohlgemeinten Ziele auf eine Gesundheit fördernde Weise erreichen könnte, war damals nicht die Frage, denn man sah keinen Zusammenhang zwischen Grausamkeit der Eltern und abweichendem – ich würde lieber formulieren: ausweichendem – Verhalten der Kinder. Schatzman schreibt auch (1974!) weiter: »In jüngster Zeit hören wir immer häufiger von verprügelten Babies, vernachlässigten und misshandelten Kindern. Doch in vielen Familien finden wir Formen der Brutalität von Eltern gegenüber Kindern, die subtiler und weniger dramatisch sind.«[77]

Ich erinnere mich an eine Schulfreundin, die immer wieder von daheim ausriss. Da sie aus einer Eisenbahnerfamilie stammte, dachten alle, die Freifahrtmöglichkeiten wären die Ursache für verlockende Reisegelegenheiten. Einmal erzählte sie mir, wie sehr ihr ekle, wenn ihr Vater ihr immer Zungenküsse gäbe. Damals, in den späten 1950er Jahren, als sexuelle Ausbeutung von Kindern kein Thema, weil absolutes Tabu war, dachte ich nicht daran, dass hinter dieser Andeutung vielleicht ein ganz anderer Grund für ihre Fluchtversuche verborgen liegen könnte.

Pädagogische Konzepte sind keine absoluten Wahrheiten, sondern untermauern gesellschaftspolitische Ziele. Sie werden »verkauft« wie andere Waren auch – entweder von ihren Erfindern oder von denjenigen, die solche geistigen Produkte bestellt haben. Heute sind es die sogenannten Spindoktoren, die Politikern beispielsweise raten, eine parteipolitisch motivierte Verwaltungsreform des Schulwesens als »Bildungsreform« zu bezeichnen und damit positive Gefühle auszulösen. Im NLP (das ist die Kurzfassung der Methodenbezeichnung Neurolinguistisches Programmieren) heißt diese Technik »Relabeling«: Man gibt einer Realität einfach eine andere Markenbezeichnung – wie etwa »Entsorgungspark« statt Müllablagerungsplatz. Vor allem in der Verkaufspsychologie hat sich das Ziel durchgesetzt, nicht Nützlichkeiten anzupreisen, sondern Sehnsuchts- und Hoffnungsgefühle auszulösen – nämlich nach Zugewinn von Energie; verbale Behübschungen sind eine dazu dienliche Methode. So wird beispielsweise aus Unterwerfung »Aufstieg«.

Im militärischen Modell wird der »versäulte« – das bedeutet: ohne Kontakt und Vermischung mit sozialen Parallelwelten – Aufstieg in der Hierarchie durch gehorsames Dienen propagiert. Die psychischen Schäden, die die Anpassung an dieses Ideal hervorrufen, werden nicht als Folgeerscheinung zur Kenntnis genommen, sondern als individuelle Entgleisung abgewiegelt.

Obwohl seit dem Zusammenbruch des Dritten Reichs kritisches Denken, Mitbestimmungsforderungen und Bildung neuer sozialer Gruppierungen (wie selbstbestimmende Arbeitsteams, Selbsthilfegruppen, Regenbogenfamilien etc.) angedacht und eingeübt werden – alles übrigens Erneuerungen, die bereits Jesus von Nazareth ganz im Gegensatz zur dominierenden jüdischen Kultur vorlebte –, um zu verhindern, dass wieder eine »Gesellschaft des Terrors«[78] heranwachsen könne, herrschen noch immer die alten militärischen Ideale vor. Dabei sollte klar sein, dass wir die heutigen gesellschaftlichen Probleme – ausufernde Verarmung bei steigenden Profiten, wachsende Überlebenskriminalität an der Basis bei multiplizierter Korruption bei den gesellschaftlichen Machtträgern, bedrohliche Umweltverschmutzung bei gleichzeitiger bewusst ignoranter Zerstörung des Lebensraums Erde – nicht nur durch technische, sondern vor allem soziale Kreativität werden lösen oder zumindest aufhalten können.

Vance Packard, bekannt vor allem durch sein Buch über die »Geheimen Verführer«, hat bereits 1960 ein Buch über »Die große Verschwendung« verfasst. Darin beschreibt er die drei Formen von bewusst geplanter Obsoleszenz – dem gezielt herbeigeführten Anschein von Veraltung –, mit der die potenzielle Käuferschaft verführt, bewährtes Altes gegen Neues auszutauschen, und gleichzeitig ein Ersatzbeschaffungsmarkt gesichert werden soll.

Sie bestehen in

~ funktioneller Obsoleszenz, die in einer echten Produktver-
besserung besteht oder auch nur Verschönerung, Bereicherung durch Extras – Packard spricht von »Illusion einer Veränderung durch Formgestaltung«;

~ materieller Obsoleszenz, das bedeutet eingeplante Erhöhung
der Reparaturanfälligkeit oder sogar unmerkliche Kon-
struktionsverschlechterung; und

~ psychologischer Obsoleszenz, die den oder die Eigentü-
mer/in als altmodisch erscheinen lassen und daher unzufrieden machen wollen.[79] Dem dienen die heute allgegenwärtigen In- und Out-Listen, Modeberichterstattungen
über die neuesten Auto- oder Kleidungsmodelle und: die
Gesundheitsberichterstattung, denn auch Gesundheit ist zur
Ware mutiert.

Packard erinnert (1960!) daran, dass die psychologische Obsoleszenz ein Symptom unserer Zeit sei und mit der herrschenden »Langeweile, dem Mangel an Persönlichkeitsausdruck, dem
Fehlen einer freien und wahrhaft freundschaftlichen Beziehung
zwischen Nachbarn und Freunden und dem allgemeinen Mangel an vernünftigen Werten« zusammenhänge.[80] Ich sehe in all
diesen Punkten immer wieder Mangel an Energiezufuhr.

Dass Kaufsucht zunimmt und gleichzeitig die Verschuldung,
kann als bekannt vorausgesetzt werden. Mir erzählte unlängst
eine österreichische Künstlerin, die seit Jahren in New York lebt,
dass es dort verpönt sei, keine Schulden zu haben, denn dies bedeute, man hätte keinen »credit«, also keine Kreditwürdigkeit.
Ein deutliches »Relabeling« gegenüber europäischen Werten!
Aber auch eine zusätzliche quasimilitärische Kontrollmöglich-
keit. In Bezug auf regelmäßige Veränderungen des medial ver-
öffentlichten Gleichheitsgebots enttarnt Vance Packard: »Periodische Modeänderungen ermöglichen den Herstellern auch

eine genauere Kontrolle der Verkaufsquoten ihrer Händler und zwingen den Händler zu hastigen Verkaufskampagnen, damit er sein Hinterzimmer in den letzten Wochen vor Einführung der neuen Modelle noch von den alten räumen kann.«[81] Genau dieses Reiz-Reaktions-Schema findet man aber nicht nur im Verkauf von Modewaren, sondern überall, in der Politik wie an den Börsen und sogar in den Familien. Auch die Partnerin und zunehmend auch der Partner wird obsolet; in meinen Supervisionsstunden mit Sozialarbeiter/innen höre ich auch, dass Kinder mit Worten wie »Da habt ihr ihn/sie – ich will ihn/sie nicht mehr!« in den Einrichtungen der Jugendwohlfahrt »abgegeben« werden. Übrig bleiben entwurzelte Menschen – Menschen, die ihren Halt, ihre Zugehörigkeit verloren haben. Aber genau darum geht es insgeheim: Auch der Halt und die Orientierung sollen der Obsoleszenz und damit dem Wettbewerb der Ideologen unterliegen.

»Sobald von seiner Zugehörigkeit und seinem Eingebettetsein in einer besonderen Umgebung abstrahiert wird, ist der Mensch nicht mehr als nur noch ein Mensch. Und weil er nicht mehr ist als reines Bewusstsein ohne Bindung und Wohnsitz, ist er letztlich auch kein Mensch mehr«, mahnt der französische Philosoph Alain Finkielkraut.[82] Bindung und Wohnsitz sind aber nicht nur etwas, was man »hat« im Sinne Erich Fromms![83] Beides ist vor allem Teil von einem selbst, vergleichbar den Wurzeln eines Baumes und daher eine Kraftquelle. Aber: diese Ein- und Verwurzelung ist insgeheim gar nicht erwünscht.

Auch der Halt und die Orientierung sollen dem Wettbewerb der Ideologen unterliegen.

»Die Exzesse der Revolution und später Stalins Säuberungen erniedrigten die Menschen, beraubten sie der natürlichen Rechte der Gedankenfreiheit, der freien Meinungsäußerung und der freien Wahl des Wohnsitzes und machten sie zu armseligen Sklaven«[84], kritisiert der Arzt und Psychoanalytiker Immanuel Velikovsky die »Doktrin vom Tüchtigen, von dem das Naturgesetz erwartet, ja eigentlich fordert, dass er auf Kosten des Untüchtigen gedeiht«, und die sich zu Nietzsches Lehre vom Übermenschen entwickelte, dem alles erlaubt ist.[85]

Auch hier zeigt sich wieder ein Relabeling: War es in der ersten Hälfte des 20. Jahrhunderts noch lobenswert, sein ganzes Leben an einem einzigen Arbeitsplatz Firmentreue zu beweisen – wofür man meist bei Pensionsantritt auch besonders geehrt wurde –, wurden die ersten sogenannten Jobhopper wegen ihrer »Treulosigkeit« heftig kritisiert wie vor allem der Jurist und zuerst Parlamentssekretär, dann Bundesratsabgeordneter, folgend Nationalratsabgeordneter, danach Unterrichtsminister, in den Nationalrat als Klubobmann zurückgekehrt, dann Wiener Bürgermeister, überwechselnd in die Bundespolitik Außenminister und schließlich Nationalratspräsident Leopold Gratz.

Treue, vor allem auch Vertrags- und Gesetzestreue, besitzt heute im Allgemeinen nicht mehr den Stellenwert wie vor einem halben Jahrhundert. Ich sehe eine der Ursachen in der bereits zitierten Atmosphäre von Obsoleszenz, eine andere in der räumlichen Mobilität: Wenn man sich schnell und kurzfristig woanders niederlassen kann, kann man leichter seine bisherige Identität verschleiern – etwas, das in der Flucht vor den Nationalsozialisten lebensnotwendig war und heute teils aus ähnlichen Gründen zu einer neuen Völkerwanderung geführt hat, teils aber auch ähnlich kriminelle Motive aufweist wie die längst vergangenen Hunnen- oder Wikingerraubzüge.

»Wie aber können langfristige Ziele verfolgt werden, wenn man im Rahmen einer ganz auf das Kurzfristige ausgerichteten Ökonomie lebt?«, fragt Richard Sennett. »Wie können Loyalität und Verpflichtungen in Institutionen aufrechterhalten werden, die ständig zerbrechen oder immer wieder umstrukturiert werden? Wie bestimmen wir, was in uns von bleibendem Wert ist, wenn wir in einer ungeduldigen Gesellschaft leben, die sich nur auf den unmittelbaren Moment konzentriert?«[86]

Ein junger Amerikaner mit mindestens zweijährigem Studium müsse heute damit rechnen, in vierzig Arbeitsjahren wenigstens elfmal die Stelle zu wechseln, schrieb Sennett 1998, und: der am schnellsten expandierende Bereich des amerikanischen Arbeitsmarkts bestehe aus Menschen, die in Zeitarbeitsagenturen arbeiten.[87] In diesen Berichten fehlt die ethische Bewertung: Will die Gesellschaft – und das sind wir alle, die wir mehrheitlich nicht an den Schalthebeln der Macht sitzen – das auch? Oder wird bloß kritiklos als Unvermeidbarkeit akzeptiert, was einfach nur beobachtet bzw. berichtet wird, die Wollensfrage daher nicht angedacht oder gar gestellt?

Als Alfred Gusenbauer österreichischer Bundeskanzler war, trat er mit dem Vorschlag an die Öffentlichkeit, Arbeitssuchende müssten eben flexibler sein und den Arbeitsplätzen nachsiedeln, auch wenn diese in großer Distanz zum bisherigen Lebensumfeld lägen; dafür sollten sie eine »Mobilitätsprämie« als Umzugshilfe bekommen.[88] Abgesehen davon, dass ihm von Oppositionsseite vorgeworfen wurde, das gäbe es alles längst, allerdings als Entfernungszulage, wurde total außer Acht gelassen, dass diese Art von Flexibilität eine psychische Anpassungsleistung erfordert, die nicht schnell zu verkraften ist. Dass soziale Bindungen Zeit brauchen, um sich zu entwickeln, betont auch Richard Sennett.[89] Ich ergänze: aber ebenso, um ihren Verlust zu verarbeiten – selbst wenn diese im Sinne eines Relabelings als »Bereicherung« und »Gewinn neuer Erfahrungen« beschönigt wird. Denn die Spuren solcher Minitraumatisierungen finden sich in der therapeutischen Tiefenarbeit in Charakterdetails wieder, nicht nur bei Kindern, die immer wieder mit umziehen mussten, sondern ebenso bei Ehepartnern und Eltern. Es sind wiederkehrende psychische Amputationen, und diese bedeuten Stress, psychische Belastung. Sie fressen Energiereserven auf, vor allem aber lassen sie die Energiequellen von Vertrautheit und Hingabe an Geliebtes schrumpfen. »Zur Depression führt aber gerade auch die Bindungsarmut, die charakteristisch ist für die zunehmende Fragmentierung und Atomisierung des Sozialen«, betont der in Deutschland unterrichtende südkoreanische Philosophieprofessor Byung-Chul Han.[90]

Bindung braucht Zeit. Im militärischen Modell soll das schnelle Versetzen zu einer neuen Einheit wie auch das schnelle Verlegen von Einheiten an andere Standorte Bindung und damit Desertion der Liebe wegen verhindern. Verordnete Mobilität ist in diesem Sinne eine Strategie, zu verhindern, dass etwas oder jemand vertraut und damit lieb gewonnen wird. Dass dies zulasten der Fühlfähigkeit geht und damit eine verminderte Hemmschwelle für Gewalt nach sich zieht, zeigte sich immer schon im Militärdienst, jetzt aber auch in gleichartigen Verhaltensweisen in großen wie auch kleinen Firmen.

Sennett beschreibt die »Werte einer flexiblen Gesellschaft« als »Bleib in Bewegung, geh keine Bindungen ein und bring keine Opfer«.[91] Diese Verhaltensweisen zählen zum Repertoire von Untergrundkämpfern, Geheimagenten und somit wiederum zum militärischen Modell und seinem nekrophilen – todverherrlichenden – Heldentum.

Bindung braucht Zeit.

4. Helden der Arbeit?

Scham setzt einen Begriff von Ehre voraus.
Ehre ist etwas, das in der sozialen Anerkennung existiert
und durch soziale Aberkennung verlorengeht.
Scham ist die Angst vor Ehrverlust.
Eine Schamkultur funktioniert im Rahmen
mutueller sozialer Kontrolle.
J. Assmann[92]

Wann immer jemand zu einem bestimmten Verhalten hinge-
führt werden soll – egal, ob dies unter Begriffen wie Erziehung,
Training oder auch Disziplinierung und Dressur an- bzw.
eingeordnet wird –, werden alternative Verhaltensweisen verachtet, verspottet oder gleich verboten und sanktioniert. Die
erwünschten hingegen werden belobigt und mit allerlei Aus-
zeichnungen hervorgehoben.

Der deutsch-amerikanische Soziologe und Psychoanalytiker
Erich Fromm warnte schon 1955 davor, Arbeit nur als Mittel

zum Geldverdienen zu sehen, wie es passiert, wenn man nur eine kleine, isolierte Funktion im Produktionsprozess – und ich ergänze: oder im Verkaufs- und Verwaltungsprozess – erfüllt und nie »sein« Produkt als Ganzes als Schöpfer vor Augen hat, sondern höchstens als Verbraucher.

PAROLISMUS

Dieser Verlust von Bezug und auch Liebe zum eigenbestimmten Schaffen wird durch vorgefertigte Leitbilder ersetzt, die die Arbeitnehmerschaft an prominenten Stellen im Unternehmen ausgehängt oder gar in Marmor gemeißelt tagtäglich zu Gesicht bekommt. In verkürzter Form und im Kleinformat gibt es solche Sprüche auch als Kleber zur Selbstmotivation, vielleicht sogar Selbstpersiflage, als Dekoration für den Büroschrank. Ich nenne diese Versuche, mittels stereotyper Sätze erwünschtes Verhalten zu erzeugen, Parolismus. Das erwünschte Verhalten ist mangels konkreter Beziehung und daher auch konkreter Anleitung aber nicht eine Optimierung der beruflichen Handgriffe, sondern absolute Loyalität und Gehorsam – auch wenn an über- oder nebengeordneter Stelle chronisches Fehlverhalten dominiert.

»Die Sprache hat Macht über uns und maßt sich an, uns das Denken abzunehmen«, zeigt Corinne Maier auf. »Sie degradiert den Arbeitnehmer zum reinen Mechanismus. Maschine, steh auf und arbeite!«[93] Genauso gut können wir analog formulieren: »Konsument und Konsumentin, steht auf und kaufe!« »Must have« heißt es dann in den Printmedien, die sich primär an Frauen richten, unterstützt von »Rankings«, die alte Schuld- und Schamgefühle aus der Schulzeit aktivieren und die Nachahmung – »nachgestylt« heißt das nunmehr – durch den Kauf der, natürlich mit Firma und Preis, dazu angebotenen Produkte stimulieren sollen.

Erich Fromm schreibt über den unselbstständig Erwerbstätigen: »Er wird an einen bestimmten Arbeitsplatz verwiesen und hat eine bestimmte Aufgabe zu erfüllen, aber er hat keinen Anteil an der Organisation oder dem Management der Arbeit. Er weiß nicht, weshalb gerade diese und nicht eine andere Ware produziert wird, und interessiert sich auch nicht dafür … Er ist eher ein Bestandteil der Maschine als ihr Herr und tätiger Urheber. … Nicht die Maschine ist zum Ersatz für menschliche Energie geworden, sondern der Mensch zum Ersatz für die Maschine. *Man kann seine Arbeit definieren als Ausführung von Tätigkeiten, die nicht von den Maschinen ausgeführt werden können.*«[94] (Hervorhebungen im Original.) Parolismus zählt auch zur Maschinisierung: An Stelle des Gesprächs von Mensch zu Mensch werden Parolen an die Wand gehängt. So wird wiederum menschliche Energiezufuhr vermieden.

Seit dem Einsatz von Computern hat sich diese Maschinendominanz noch verstärkt und zu einem Funktionsdenken geführt, das in jeglicher Abweichung von vorgesehenen Vorgangsweisen menschliche Unfähigkeit, Krankheit oder ein Delikt sieht (wobei es solches selbstverständlich auch gibt). Dieser Mechanismus findet sich nicht nur im Berufsleben, sondern auch im Privatbereich: Dann schickt man die nicht funktionierenden Familienangehörigen »zum Service« oder begibt sich selbst quasi »in Reparatur« (beispielsweise wenn das Sexleben nicht die Beglückung bringt, die die Sexindustrie verspricht). Die eigenen Anteile – vor allem die jeweiligen Machtansprüche – am unerwünschten Geschehen kritisch zu hinterfragen, wird selten gedanklich als Möglichkeit zugelassen.

Andere Sichtweisen als die »gewöhnlichen«, sprich gewohnten werden ausgeblendet – oder wieder als krank oder kriminell verteufelt (außer die »weitsichtige« Person genießt hohe öffentliche Anerkennung, dann wird wieder weggeschaut, oder es werden subtilere Strategien angewandt, oppositionelle Blickwinkel zu beseitigen).

Immanuel Velikovsky, Arzt und Psychoanalytiker, spricht in Analogie zu dem Begriff aus der Augenheilkunde, wo Skotom ausschnittsweise Blindheit bezeichnet, von einem »psychologischen Skotom« als Unvermögen, gewisse Erscheinungen wahrzunehmen oder gewisse Situationen zu erkennen, obwohl sie für andere Personen offensichtlich sind.[95]

»Du sollst nicht merken« lautet auch der Titel eines aufrüttelnden Buches der Schweizer Psychoanalytikerin Alice Miller. Sie schreibt darin, wie sehr der Mensch selbst für Schockierendes oberflächliche Erklärungen bevorzugt, die sein erlerntes Wertesystem bestätigen: »Das Geschehene bleibt außerhalb von ihm selber. Er möchte im Grunde *lieber nicht wissen*, wie es dazu kommen kann …«[96] (Hervorhebung im Original.)

Du sollst nicht denken, vor allem nicht kritisch, sondern dir von sogenannten Experten sagen lassen, was »in« und »out« ist. In ist, übermäßig viel zu arbeiten, sich auf Stress zu berufen und damit seine Wichtigkeit zu betonen. Out ist, sich der Muße hinzugeben oder Sozialbeziehungen zu pflegen, die keinen sichtbaren Nutzen, Vernetzung zwecks Akquise von Arbeitsaufträgen oder Werkspionage etwa, aufweisen.

Im militärischen Modell ist nicht vorgesehen, dass jeder Mensch denkt; ein Befehlender genügt – die anderen haben hie-

Du sollst nicht denken, vor allem nicht kritisch, sondern dir von sogenannten Experten sagen lassen, was »in« und »out« ist.

rarchisch zu hören und zu gehorchen. So schrieb der Psychoanalytiker Velikovsky 1982 über die chinesische Kulturrevolution: »Sind die achthundert Millionen Blauer Ameisen, die das kleine rote Buch mit den Gedanken des Vorsitzenden Mao in die Luft halten, freie Menschen? Vielleicht glauben sie, es zu sein, aber sie sind es nicht – ein einziges Gehirn muss für alle reichen.«[97]

Das einzige Gehirn ist zunehmend der Spindoktor, der PR-Konsulent, der Unternehmensberater, der Arbeitspsychologe. »Die meisten Forschungen auf dem Gebiet der Industrie-Psychologie beschäftigen sich mit der Frage, wie die Produktivität des einzelnen Arbeiters gesteigert werden kann und wie er dazu gebracht werden kann, reibungsloser zu funktionieren«, beklagt Erich Fromm die Manipulation der Seele. »Die zugrunde liegende Idee könnte man etwa folgendermaßen formulieren: Wenn er, falls er glücklich ist, besser arbeitet, wollen wir ihn doch glücklich, sicher, zufrieden oder was sonst auch immer machen, vorausgesetzt, es erhöht seine Leistung und reduziert Reibungen.«[98]

Da Reibungen meist aus menschlicher Nähe entstehen, wird dieser Risikofaktor eliminiert. Dies geschieht beispielsweise dadurch, dass formelle und mehr noch informelle Gespräche unterbunden und durch elektronische Kommunikation ersetzt werden. Diese reicht zwar für koordinierte Befehlsausgaben, nicht aber für kreatives Erarbeiten alternativer Vorgehensweisen, denn dazu braucht es die Schöpfungskraft des zwischenmenschlichen Energieaustauschs (oder göttliche Inspiration, aber die ist in der gleichgeschalteten Arbeitswelt ja nicht vorgesehen).

»Um den Einklang zwischen sich und der ihn umgebenden Welt herzustellen, kann ein Mensch versuchen, nicht mehr so viel an störenden Einflüssen aus dieser Welt wahrzunehmen«, konstatiert der Neurobiologe Gerald Hüther. »Dazu muss er sich stärker verschließen, sich abwenden und unsensibel gegenüber allem werden, was auf ihn einstürmt und was er zu bewältigen außerstande ist.«[99] Als Psychotherapeutin und Pädagogin sage ich: Das ist *eine* Möglichkeit, aber nicht die einzige und auch nicht die beste, vor allem keine Gesundheit fördernde.

Sich »zusammennehmen« bedeutet Anspannung und Verengung – der Muskulatur wie der Blutgefäße, vor allem aber des Herzens, das bekanntlich beides umfasst – und mag schon passen, wenn man auf physischen Kampf oder Flucht ausgerichtet ist. Die salutogene – Gesundheit fördernde – Alternative besteht in bewusster Wahrnehmung der entstehenden Reibungen und gedanklichem Zurückgehen zu dem Punkt, an dem die Reibereien begannen, um herauszufinden, was der Anlass gewesen sein könnte. Aus meiner jahrzehntelangen Erfahrung behaupte ich: Anlass ist immer, dass sich jemand in seinen, ihren Werthaltungen nicht respektiert fühlt.

Wenn man also wahrnehmen kann, wo Unterschiede in den Werten bestehen, und den Schritt über den eigenen Schatten schafft, das andere Wertesystem demonstrativ eben als Tatsache anzuerkennen, auch wenn man es nicht teilt, braucht man auch nicht um den Sieg der eigenen Weltanschauung gegenüber der anderen kämpfen – man braucht nur den Verzicht auf konkurrierendes Verhalten und stattdessen eine dem entsprechende wertschätzende Distanz (und die wird manchmal sehr groß sein müssen).

Distanz beinhaltet aber immer auch die Gefahr der Vereinsamung und damit des Verlusts an Alltagserfahrung. Distanz kann vertikal – durch Hierarchisierung – oder horizontal durch Absonderung verwirklicht werden, oder auch zeitlich, indem man einfach nicht reagiert, warten lässt oder überhaupt so tut, als wäre jemand anderer nicht vorhanden. Ich bezeichne dies als soziale Vernichtung: Man macht andere zu einem »Nichts«.[100]

Im militärischen Modell steht hinter dem Gebot, sich von anderen abzuschließen und überhaupt das eigene Innenleben zu verschließen, die Angst vor Ausspioniertwerden und Geheimnisverrat. Dahinter verbirgt sich die Angst vor Niederlage und Degradierung. Ich unterstelle deshalb der in fast allen Männerbünden zelebrierten Frauenverachtung nicht nur Abwehr der Angst vor der mächtigen Mutter der frühen Kindheit, sondern vor allem eine Strategie, zu verhindern, dass liebestolle Männer im Sexualrausch mit Informationen aus ihrem Berufsleben protzen. Ich kenne aus meiner psychotherapeutischen Arbeit etliche Beispiele, wie Frauen auf den Spuren von Madame Pompadour, daher aus eigener Machtlust, oder von Rosemarie Nittribitt, daher ferngesteuert, Erotik gegen Insiderwissen, allerdings auch Schutz durch Zugehörigkeit, tauschen.

Männer hingegen haben traditionell die offizielle Möglichkeit, sich im Männerbund hinauf zu dienen. Mit jeder hierarchischen Stufe entwachsen sie dem nur befeligten anonymen Kollektiv und gewinnen eigene Befehlsmacht dazu. Das motiviert. Der römisch-katholische Künstlerseelsorger und Autor aufmüpfiger Bücher Peter Paul Kaspar beschreibt in seinen Er-

Distanz beinhaltet immer auch die Gefahr der Vereinsamung und damit des Verlusts an Alltagserfahrung.

lebnissen im Knabenseminar, wie durch das Verbot von Einzel-freundschaften menschliche Wärme, also Spüren von Energie, und Austausch mit Gleichgesinnten verhindert wurde: »In den verpönten Partikularfreundschaften, im Wunsch nach engen Bindungen, nach Berührungen und exklusiver Nähe keimt der gefährliche Glücksegoismus. Das Streben nach flüchtigem irdi-schen Glück steht dem unvergänglichen jenseitigen Glück im Wege. Du musst dich entscheiden: Entweder raffst du egoistisch die Augenblicke vergänglicher Lust – oder du versagst dir diese und gewinnst die ewige Glückseligkeit.«[101] Hier wird eine Ent-weder-Oder-Spaltung offensichtlich, mit der horizontale Ver-brüderung hintangehalten werden soll.

Der Ägyptologe Jan Assmann differenziert, dass Scham und Verantwortung das eine Gegensatzpaar bilden und Schuld und Schande das andere; damit distanziert er sich von der Sicht-weise, dass Scham horizontal durch gegenseitige Wahrneh-mung und Kontrolle, Schuld hingegen vertikal durch Bezug auf Gott und das Gewissen charakterisiert sei: »Wer sein ›Gesicht‹ und seine ›Ehre‹ kultiviert, lebt vor allem in der Gegenwart; wer dagegen sein Gewissen kultiviert, lebt im Blick auf Vergangen-heit und Zukunft.«[102] Gewissen wird hier als Träger von fremd-induzierten Schuldgefühlen und damit konventioneller Moral verstanden, wie sie auch dem militärischen Modell zugrunde liegt – nicht als Ort selbstbestimmter Ethik.

Sich automatisch der fremdbestimmten Moral zu unterwer-fen, kann in Konflikt mit der eigenen Gewissensethik bringen und zu massivem Energieverlust führen – außer man kultiviert Selbstgerechtigkeit und Selbstgefälligkeit und verleugnet so das Bedürfnis nach bedingungslosem Geliebtwerden.

»Nur wer als Schüler unter Beweis gestellt hat, dass er eine Reihe von Ausbildungsjahren, die Dummheit seiner Lehrer, den Herdentrieb und den Nachahmungsdrang seiner Klassenkameraden erträgt, wird an die dreißig Jahre Dasein im Unternehmen, Phrasendreschen und Arbeitsmonotonie ertragen können!«, diagnostiziert die Psychoanalytikerin Corinne Maier.[103] Und, ergänze ich, maschinengleiches Funktionieren für erstrebenswert halten. Dazu gehört auch, die eigentliche intime Beziehung mit seinem Computer zu führen.

Wer kennt nicht die Verzweiflungsschübe, wenn der Rechner eingeht! Gelegentlich ermordet ein/e Jugendliche/r sogar einen Elternteil, nur weil er oder sie die extensive Kommunikation über Facebook mit Computerverbot unterbinden wollte. »Der Umgang mit dem Computer hat nichts mehr mit rechnen und berechnen zu tun – er ist ein Lebensstil geworden«, zitiert Alain Finkielkraut Nicholas Negroponte, den Direktor des Medienlabors des renommierten Massachusetts Institute of Technology.[104] Finkielkraut weiß: »Der Mensch ist nicht mehr einheimisch, sondern planetarisch. Seine unmittelbare Umgebung ist nicht mehr lokal, sondern digital. War er zuvor an ein Gebiet gebunden, so ist er nun am Netz angeschlossen und nirgendwo mehr ansässig.«[105]

Ansässig sein bedeutet noch nicht Bindung. Diese entsteht dadurch, dass man seinem »Revier« einen Stempel aufdrückt. So wie Tiere mit ihrem Urin »markieren«, prägen wir mit unserer Energie und werden umgekehrt geprägt durch die Atmosphäre – den Duft, den Lärm, die Lichtspiele, den Wind – der vertrauten Umgebung. Fehlt diese Wahrnehmung und Beeinflussung, erlebt die menschliche Dimension eine Fragmentierung des Erlebens wie auch der persönlichen Wirksamkeit. Man sucht dann nach quantitativ stärkeren Reizen und erhofft deren Wirkung, instinktiv durchaus zutreffend, mittels anderer Lebewesen zu erlangen. Aber anstatt sich – egal, ob privat oder beruflich – in eine Beziehung auf gleicher Ebene und damit auf das echte Spüren des anderen, ob angenehm oder unangenehm, einzulassen, sucht man Beziehung und gleichzeitig Distanz und orientiert sich an den Machtverhältnissen der frühen Kindheit (und damit wieder am militärischen Modell von Befehl und Gehorsam): Man identifiziert sich mit den Mächtigen und denkt, wenn die anderen »folgen«, werde auch Zufriedenheit, sprich energetische Sättigung folgen.

Auf Facebook virtuell präsent zu sein ersetzt reale Ansässigkeit und bietet die Möglichkeit, sich selbst »phantastisch« zu designen und sich damit die schmerzliche Arbeit seelisch-geistigen Wachstums zu ersparen. In der Realität kann man die selbstdefinierten körperlichen, seelischen oder geistigen Schwachstellen nicht so leicht verbergen oder »relabeln«. Im Netz kann man Illusionen verbreiten und ebenso selbst genießen. Und man kann immer in die Zukunft träumen und hoffen, eine reale Begegnung herzustellen, »wenn man nur wollte …«.

ILLUSIONEN

Was aber, wenn gar keine anderen da sind – oder einem aufgrund von Negativerfahrungen nicht mehr begegnen? Da bietet sich statt des militärischen Modells ein ziemlich ähnliches, nämlich Betriebs-wirtschaftliches an.

Die sogenannte New Economy, schreibt Corinne Maier, bekanntlich auch Volkswirtin, verwirklichte den Traum von einem Unternehmen, das nichts herstellt, so wenig wie möglich kostet und sich darauf beschränkt, zu kaufen und zu verkaufen: »Kurzum, eine Art Unternehmen *light*, das fast auf wundersame Weise ›Wert schöpft‹, weil es so wenig wie möglich produziert und sich tunlichst nicht die Hände schmutzig macht.«[106] Statt »Wert« kann man auch sagen: »Energie« schöpfen.

Das Wort »light« besitzt Doppelsinn:

~ Einerseits vermittelt es die Illusion von Leichtigkeit und Schlaraffenland, in dem man sich nicht abmühen muss, sondern einem der – finanzielle, damit aber auch soziale – Erfolg gleichsam zufliegt.

~ Andererseits symbolisiert es Licht und damit Energie. Der Wirtschaftstheoretiker Leo Nefiodow prognostiziert, dass der sogenannte »Sechste Kondratieff« – der aktuelle Zyklus innovativer technologischer Prägung in der Theorie der langen Wellen in der Konjunktur[107] – in einem der Bereiche Information, Umwelt, Biotechnologie, optische und solare Technologien oder Gesundheit die bahnbrechende Erneuerung bringen wird.

Ich persönlich vertrete die Ansicht, dass diese Innovation im Zuge des Trends zu immer mehr Ganzheitlichkeit alle diese Bereiche vereinen und dass es sich um Erkenntnis der »reinen Energie«, der Lichtenergie im Sinne des »brennenden und sich nicht verzehrenden Dornbusch« in der Heiligen Schrift handeln wird: Jeder Mensch, jedes Lebewesen ebenso wie die Umwelt »strahlt« energetisch Informationen aus – optische, akustische, olfaktorische etc. Frequenzen –, und es liegt nur an der Fähigkeit, diese Botschaften kompetent zu entschlüsseln, um sie die Gesundheit fördernd oder schädigend zu nutzen.

Das Problem sehe ich in der um sich greifenden Illusion, ohne solidarisches Zusammenwirken mit anderen, ohne Geben und Nehmen und wieder Geben Energie generieren und regenerieren zu können. »Die Wirtschaft« wird immer virtueller – Menschen sind nur noch als Käufer interessant. Aber schon Vance Packard warnte, dass durch die permanent fortschreitende Wegrationalisierung von Arbeitskräften zuletzt niemand

»Die Wirtschaft«
wird immer virtueller.

mehr übrig bliebe, der das nötige Geld hätte, um überhaupt kaufen und konsumieren zu können (und, ergänze ich, daher möglicherweise in die Kriminalität ausweichen wird).

Zurück also zur kargen Selbstversorgung, relabelt mit Formulierungen wie »aus eigener Kraft«?

Während Nefiodow die »stärkere Individualisierung und Demokratisierung des Gesundheitsmarktes (Eigendiagnose, Selbstbehandlung, Selbstmedikation)« positiv sieht[108], sehe ich auch die parallel laufenden Gefahren von Selbsttäuschungen, weiterem Beziehungs- und Energieverlust und Abgleiten in psychotische, d.h. fremd- oder selbstgewalttätige Aktionen.

TÄUSCHUNG UND ENTTÄUSCHUNG

»Warum war die New Economy Bauernfängerei?«, fragt Corinne Maier und antwortet: »Weil man sich nicht ungestraft vom Realitätsprinzip abwendet, das besagt, dass ein Unternehmen ohne Kunden und ohne Umsatz bald zumachen wird. Der Crash der Zukunftstechnologien (Internet, Telecom) zeigt nichts anderes, als dass die Welt des Unternehmens einem Traum hinterher läuft, nämlich dem Traum vom schnellen Geld, in dem man ohne Mühe viel erreicht.«[109] Und, füge ich dazu, dem Traum, sich Spannungen und Konflikte mit anderen, dazu zählt auch die Gesellschaft, ersparen zu können.

Dieser Traum orientiert sich an den weit oben thronenden »Reichen und Schönen«, die als Superkonsumentenschaft die medial vermittelten Werbeträger für Luxusartikel darstellen (und sich dafür auch bezahlen lassen). Wen interessiert und wem nützt es, welcher Sponsor dafür bezahlt, dass sein Firmennamenszug auf Niki Laudas Kapperl steht – außer den Sponsor selbst, der auch dafür sorgt, dass dies eine Zeitungsmeldung wert und damit wertvoller als ein Inserat ist. Die Meldung akquiriert mehr Aufmerksamkeitsenergie für alle Beteiligten, und das eint. Eint nicht nur als Akteure der Seitenblicke-Gesellschaft und potenzielle Lobbyisten dank gesellschaftlicher Vernetzung in den Führungsebenen, in die man nur aufgrund von Ausbildung oder intellektueller Ausstattung nie eingelassen würde, und verpflichtet gleichzeitig zu Krähensolidarität (gemäß der Volksweisheit: »Eine Krähe hackt der anderen keine Auge aus«), nur ja nicht jemandes Sichtweisen zu kritisieren. Die eigene schon gar nicht.

Mediales Heldentum löst im Publikum vielfach die Illusion aus, es wäre durch besondere Leistung verdient – so wie es in der Schule vermittelt wurde. Ausgezeichnet werden die Stars – oder aber umgekehrt: Normbrecher werden an den Pranger gestellt. Hui oder Pfui. Eine Gratwanderung. Denn wer heute »top« ist, kann morgen schon »flop« sein – so die poppige Mediensprache –, wenn die Finanzmarktaufsicht seine Firmenbücher prüft. Die kurzweilige Erregung, die solche Medienberichterstattung in Teilen der Leserschaft auslöst, täuscht dann ebenso kurzfristig über die eigene Leere – die psychoenergetische wie die finanzielle – hinweg. Man konnte sich kurz überlegen fühlen und die eigene soziale Hilflosigkeit vergessen.

Der Reiche und Mächtige, so der Psychoanalytiker Johannes Cremerius, wähnt sich über den Alltagszwängen der Normalbürger stehend. »Während diese, etwa die bürgerliche Mittelschicht, durch internalisierte moralische und sittliche Standards wie durch tradierte, für das Kollektiv verbindliche Spielregeln gekennzeichnet sind, gibt er als einer, der einer Zwischengruppe angehört, sich selber die Gesetze und Regeln. Deshalb unterliegt er auch nicht den Folgezuständen dieser Gruppenmoral im Falle des Konfliktes ... Anstatt dessen handelt er innere Spannungen in seiner Umwelt aus, macht sie leiden, manipuliert die bestehende Ordnung, formt die bestehenden Regeln und Gesetze nach seinem Belieben um.«[110]

Unüberprüfbare »designte« mediale Vorbilder, egal, ob als Filmhelden oder Society Stars, haben überwiegend die realen in Familie und Nachbarschaft verdrängt. Man sieht dann nicht mehr das Tun und schon gar nicht die Zeit des Vorher und Währenddessen, die dies erfordert, sondern nur noch den jeweiligen Erfolg als Endprodukt. »Freude wird auf das *Kaufen* von Freude reduziert, was einer Zerstörung der Freude gleichkommt, denn als eine echte Lebensgrundlage ist die Freude vom Wesen her ein Akt wechselseitiger Abhängigkeit«, weiß Matthew Fox. So ist etwa die Suche nach Geld an sich frustrierend, denn sie kann niemals befriedigt werden, denn: »Man kann immer noch mehr haben oder gewinnen oder verlieren oder vermehren.«[111] Fox zitiert dazu den Historiker Caroll Quigley, der schreibt, dass wir »in einer Krebsgesellschaft leben, in der das Wachstum lebensfeindlich geworden ist«. Soziale Rücksichtslosigkeit ist dabei die logische Begleiterscheinung des grenzenlosen Expansionsstrebens.

Byung-Chul Han vertritt die These, unsere »Müdigkeitsgesellschaft« kranke an der »Gewalt der Positivität, die von der Überproduktion, Überleistung oder Überkommunikation herrührt«.[112] Auch er bemüht die Krebsmetapher, um grenzenloses Wachstum ohne Ausgleich als destruktiv zu enttarnen. Es stünde kein gleich starkes Anderes mehr gegenüber, daher fehle das Spannungsverhältnis von Feind und Freund, Innen und Außen, Eigenem und Fremdem.[113] An die Stelle der vormaligen »Disziplinargesellschaft« (Michel Foucault) mit ihren Spitälern, Irrenhäusern, Gefängnissen, Kasernen und Fabriken sei eine Leistungsgesellschaft aus Fitnessstudios, Bürotürmen, Banken, Flughäfen, Shopping Malls und Genlabors getreten, und die Bewohner wären nicht mehr »Gehorsamssubjekte«, sondern Leistungssubjekte, »Unternehmer ihrer selbst«.[114] Die Schlagworte und Buchtitel von der »Marke ICH®«, der »ICH-AG«

und vom »Ego-Marketing« fallen mir ein.[115] Der neue Mensch sei dem Übermaß an Positivität wehrlos ausgeliefert, schreibt Han, denn es fehle ihm Souveränität. Er beute sich selbst aus, und zwar freiwillig, ohne Fremdzwang. Die Folge seien Schaffens- und Könnensmüdigkeit: »Der Exzess der Arbeit und Leistung verschärft sich zu einer Selbstausbeutung. Diese ist effizienter als die Fremdausbeutung, denn sie geht mit dem Gefühl der Freiheit einher.«[116]

Wir täuschen uns, wenn wir glauben, was größer erscheint, müsse auch besser sein. Dass dies kleine Kinder aufgrund ihrer Froschperspektive und mangelnden Erfahrung so interpretieren, besitzt eine gewisse Berechtigung, und dass es nicht angenehm ist, wenn sie die Enttäuschung über ihre Eltern oft zu temperamentvoll ausdrücken, wenn sie diesen über den Kopf gewachsen sind und erstmals von oben herab schauen, erscheint ebenso verständlich, wie dass die bisher »Großen« das zu verhindern suchen.

Statt Heldentum objektiv und damit als quantitativen und qualitativen Unterschied zur »Normalität« zu inszenieren und damit der Allgemeinheit Selbstachtungsenergie zu rauben, wäre die Alternative der wahrhaftigen Rückmeldung »in Beziehung« zu bevorzugen. Ich nenne dies in Anknüpfung an den Dialog von Martin Buber und David Bohm »Dialob«[117]: bewusste Kraftspende durch konkrete Anerkennung für konkretes Bewältigen von Schwierigkeiten, auf gleicher Augenhöhe, nicht niederstreichelnd von oben herab oder anschmeichelnd von unten hinauf. Es ist nicht das (tote) Ergebnis, das energetisch aufgeladen werden sollte, sondern das (lebendige) Bemühen, das mit Aufmerksamkeits- und Anerkennungsenergie gestärkt werden sollte. »Zu viele Diplome sind der Tod der Diplome. Je mehr es gibt, umso weniger sind sie wert«[118], wie Corinne Maier, auch studierte Politologin und Volkswirtin, ihre Leserschaft aufklärt, denn: »Schon die Philosophin Hannah Arendt sagte, dass der Kapitalismus Überfluss produziert, und das Erste, was überflüssig wird, sind wir.«[119]

Wenn man erkennt, wie man mit dem Machtspiel »Hoffnung auf Belohnung – Angst vor Strafe« getäuscht wird, das besagt, man müsste sich nur anstrengen und beruflich wie privat eben mehr Kraft einsetzen, um Sicherheit und Stabilität zu erzielen, fällt es leichter, die richtige Dosierung für den passenden eigenen Energieaufwand zu erkennen. Dass mit allerlei Behauptungen versucht wird, andere zur Zustimmung und Gefolgschaft zu bewegen, sollte ohne viel Emotionalität einkalkuliert werden – das gehört zur Werbung, und dass diese auch mit Unwahrheiten und Manipulationen arbeitet, sollte seit den Fütterungsversuchen der Kleinkindzeit bekannt sein. »Die Lehre Darwins rechtfertige in gewissem Sinne die Ausbeutung der Untüchtigeren durch die Tüchtigeren«, schreibt Immanuel Velikovsky, »das heißt, die Ausbeutung derer, die weniger befähigt waren, sich in Gegebenheiten und Gelegenheiten ihrer Zeit anzupassen.« Das betrifft natürlich auch die Genies, die ihrer Zeit weit voraus waren, ergänze ich, und füge hinzu: außer es findet sich jemand, der damit Geld verdienen kann, dann werden die Außenseiter/innen vermarktet. »Es gehört zum Wesen der industriellen Revolution, die im Viktorianischen Zeitalter Gestalt annahm«, fährt Velikovsky weiter fort und hebt sofort die Täuschung, wie denn nun Tüchtigkeit tatsächlich interpretiert wird, auf: »dass die Unternehmungslustigen, aber auch die

Es geht nicht nur um die eigene Gesundheit – es geht auch darum, andere nicht zu schädigen.

Skrupellosen die Unterprivilegierten, die Einfallsarmen, die Unwissenden, die Schutzlosen – mit einem Wort: die Untüchtigen, übervorteilten.« Dass sich die Ausbeuter dabei mehr um ihre Tiere kümmerten als um »menschliche Arbeitstiere«, führt Velikovsky darauf zurück, dass jene ihr Eigentum darstellten, dessen sie nicht verlustig gehen wollten, während diese hingegen »leicht und ohne Verlust für den Ausbeuter zu ersetzen« waren.[120]

Es wird Zeit, die Selbsttäuschung aufzugeben, dass man keinerlei Schadenswirkung verursache. Die Lernaufgabe heißt Salutogenese – Gesundheitsförderung – und die ist keine Einbahnstraße. Es geht nicht nur um die eigene Gesundheit – es geht auch darum, andere nicht zu schädigen. »Die wichtigste Wachstumsbarriere des sechsten Kondratieff ist die unzureichende Produktivität der zwischenmenschlichen Beziehungen«, meint Leo Nefiodow.[121] Es gilt also, zwischenmenschliche Beziehungen produktiver zu gestalten.

5. Wege und Irrwege zur Regeneration

Wer auf seine Gesundheit Wert legt, muss
mäßig in seinem Geschmack sein,
die Sorgen von sich weisen,
seine Begierden dämpfen,
seine Gefühle mäßigen,
seine Lebenskraft in Acht nehmen,
mit Worten sparen,
von Erfolg und Misserfolg nicht allzu hoch denken,
Sorgen und Schwierigkeiten verachten,
törichtem Ehrgeiz den Laufpass geben,
überstarke Neigungen und Abneigungen vermeiden,
Gesicht und Gehör mit Gelassenheit gebrauchen
und seiner inneren Diät treu bleiben.
Lin Yutang[122]

Als ich einmal einen chinesischen Arzt konsultierte und begeistert von der Wirkung seiner Akupunktur gleich noch einen Ter-
min vereinbaren wollte, wehrte der Medizinmann mit sanftem
Lächeln ab und sagte: »Ich arbeite nur einen Tag in der Woche
– ich verliere sonst mein Chi.«

Begriffe wie Chi oder Prana oder teilweise auch Heiliger
Geist bedeuten Lebenskraft; sie sind nicht identisch mit dem
Begriff Libido (dem lateinischen Wort für »Begierde, Lust, Ver-
langen«), wie ihn Sigmund Freud »als Substrat der Umwand-

lung des Sexualtriebs im Hinblick auf das Objekt (Verschiebung der Besetzungen), im Hinblick auf das Ziel (z. B. Sublimierung), im Hinblick auf die Quelle der sexuellen Erregung (Vielfalt der erogenen Zonen)«[123] benutzt, und auch nicht mit »psychischer Energie«, wie C. G. Jung formuliert, obwohl diese in ihrem Streben nach Ganzheit der spirituellen Entschlüsselung von Lebenskraft bereits näher steht. Ich benütze in meiner therapeutisch begleitenden Arbeit gerne das Wort Heiliger Geist, wohl wissend, dass dieses aus theologischer Sicht viel mehr umfasst als nur die leib-seelisch spürbare Be-geist-erung – »Inspiration« –, die oft Kräfte verleiht, um schier Unvorstellbares zu bewältigen, und die deutlich von Liebe und Vertrauen getragen ist und sich daher ganz anders anfühlt und auch ganz anders wahrnehmbar ist als der Geist beispielsweise von Verbitterung und Kleinmut.

Freud formulierte, allerdings männerspezifisch, da zu seiner Zeit noch ein auf »die Interessen der Familie und des Sexuallebens« beschränktes Frauenrollenbild dominierte: »Da der Mensch nicht über unbegrenzte Quantitäten psychischer Energie verfügt, muss er seine Aufgabe durch zweckmäßige Verteilung der Libido erledigen. Was er für kulturelle Zwecke verbraucht, entzieht er großenteils den Frauen und dem Sexualleben: das beständige Zusammensein mit Männern, seine Abhängigkeit von den Beziehungen zu ihnen entfremdet ihn sogar seinen Aufgaben als Ehemann und Vater.«[124] Heute kann man beobachten, dass diese Aussage immer mehr auch auf außerhäuslich erwerbstätige Frauen zutrifft. Dass Frauen für ihre

Wirklich lustvoll ist Gestaltungsmacht.

doppelbelastete Pflichterfüllung zwecks Existenzsicherung aber weniger Anerkennung erhalten als Männer, weiß die Politologin Corinne Maier nur zu genau: »Man ahnte es ja schon, aber tatsächlich beweisen Untersuchungen, dass das Familienleben ein Handicap für die berufliche Karriere der Frau ist, während es sich positiv auf die Männer auswirkt: Das soll mal einer verstehen! Pech gehabt, wenn die berufstätige Mutter ihre Arbeit besser macht als andere und effektiver ist, was meiner Erfahrung nach oft der Fall ist – nicht sie diktiert die Spielregeln, sondern die Männer tun es«, und sie sucht nach Erklärung: »Es ist allgemein bekannt, dass diese mehr Zeit am Arbeitsplatz verbringen als ihre weiblichen Kollegen.« (Dem widerspreche ich: Aus meiner Seminar-, Supervisions- und Coachingerfahrung sind viele nur länger von daheim weg – was nicht bedeutet, dass sie in dieser Zeit arbeiten. So klagen oft Beamtinnen, dass ihre männlichen Kollegen die Mittagspause spät ansetzen und anschließend nicht mehr ins Büro zurückkommen, und dass ihnen dann die Peinlichkeit obliege, in angeforderter Loyalität die Absenz zu beschönigen.) Maier sieht die Ursache in ihrer »Unempfänglichkeit für banale Hausarbeiten, von denen sie in Frankreich nur zwanzig Prozent übernehmen – was niemanden erschöpfen kann, darin sind wir uns wohl einig.«[125]

Aus meiner Sicht zeigen sich in diesem Büro-Absentismus aber bereits Symptome von Energieverlust, oder in psychiatrischer Diagnostik: Überdruss. Bore-out. Allerdings gibt es auch den übertriebenen Präsentismus; er zeigt sich dort, wo jemand nicht nach Hause gehen mag – ein Zeichen dafür, dass die Energie am Arbeitsplatz ein wenig lustvoller ist als die daheim, oft aber auch ein Hinweis auf beginnende Arbeitssucht.

Wirklich lustvoll ist Gestaltungsmacht. Sie zählt zur Selbstverwirklichung, und diese steht an der Spitze des inzwischen bereits klassisch anzusehenden Modells der Bedürfnispyramide von Abraham Maslow. Diese zeigt, dass immer erst nach Befriedigung des Bedürfnisses der unteren Stufe der darüber liegenden Wichtigkeit bekommen. An der Basis stehen daher die physiologischen Bedürfnisse, darüber die Sicherheitsbedürfnisse, über diesen die sozialen Bedürfnisse nach Zugehörigkeit und Liebe, und darüber wieder die Bedürfnisse nach Achtung, zuletzt folgt dann das Streben nach Selbstverwirklichung.[126]

Als in den 1970er Jahren Frauen begannen, in Selbsterfahrungsgruppen ihre Lebenswirklichkeiten zu kritisieren und sich gleich den Arbeiterbildungsvereinen des späten 19. Jahrhunderts sozialwissenschaftlich weiterzubilden, ernteten sie vielfach Hohn und Ablehnung, dass sie sich »selbst verwirklichen« wollten. Die Spötter wussten nicht, dass der Psychologe Maslow bereits 1970 mahnte: »Ich habe einige Fälle gesehen, in denen es für mich klar war, dass die Pathologie (Langeweile, Verlust der Lebensfreude, Abneigung gegen sich selbst, allgemeine Depression der körperlichen Funktionen, stetige Verschlechterung des intellektuellen Lebens und so fort) bei intelligenten Menschen entstanden war, die ein stupides Leben in stupiden Berufen führten … Ich habe *viele* Frauen beobachtet, intelligent, vermögend und unbeschäftigt, wie sie langsam dieselben Symptome intellektueller Leerheit entwickeln. Diejenigen, die meiner Empfehlung, sich in etwas zu stürzen, was ihrer wert ist, gefolgt sind, zeigten Besserung oder Heilung oft genug, um mir die Realität der kognitiven Bedürfnisse nachdrücklich zu beweisen.«[127]

ENTFREMDUNG

»Unter Entfremdung ist eine Art der Erfahrung zu verstehen, bei welcher der Betreffende sich selbst als einen Fremden erlebt«, schreibt Erich Fromm. »Er erfährt sich nicht mehr als Mittelpunkt seiner Welt, als Urheber seiner eigenen Taten –

sondern seine Taten und deren Folgen sind zu seinen Herren geworden. Der entfremdete Mensch hat den Kontakt mit sich selbst genauso verloren, wie er auch den Kontakt mit allen anderen Menschen verloren hat. Er erlebt sich und die anderen so, wie man Dinge erlebt – mit den Sinnen und dem gesunden Menschenverstand, aber ohne mit ihnen und der Außenwelt in eine produktive Beziehung zu treten.«[128]

Die Energie, die dazu dienen sollte, selbstbestimmt ein Ziel zu verfolgen, muss infolge der Fremdbestimmung bzw. auch mangelnder interpersoneller Kommunikation, Ziele als gemeinsame zu gestalten, zurückgehalten werden und fehlt dann früher oder später im Motivationspotenzial.

Intrapersonal fühlt sich Entfremdung als Verlust von zuerst Interesse, dann Beschäftigungsbereitschaft und zuletzt Beziehungsfähigkeit an. So erlebe ich, dass meine Klient/innen immer wieder berichten, wie ihnen

~ zuerst ihre Arbeitsaufgaben oder Partnerschaften immer gleichgültiger wurden – was bedeutet, dass sie nicht mehr den Überschwang an Energie aufbringen mochten wie zu Beginn ihrer Zuwendung;

~ wie sie dann begannen, Arbeit auf die »lange Bank« zu schieben bzw. persönliche Kontakte zu vermeiden, obwohl sie dafür eigentlich keinen Grund hatten, ganz im Gegenteil traten in dieser Phase noch Schuldgefühle des »Eigentlich sollte ich doch – aber es freut mich nicht« auf. In Beziehun-

Intrapersonal fühlt sich Entfremdung als Verlust von Interesse, Beschäftigungsbereitschaft und Beziehungsfähigkeit an.

gen wird oft ein nichtiger Anlass genutzt, um anderen Menschen Schuld zuzuteilen und sich dadurch von der eigenen Grundbefindlichkeit zu entlasten. Zu diesem Zeitpunkt wird bei Konsultation von Mediziner/innen oft schon die Diagnose Burn-out gestellt und damit ein Krankenstand ermöglicht. Nur: Energiezuwachs wird so keiner erzielt.

~ Da meist bloß Symptome bekämpft werden, sich daher an den Auslösefaktoren nichts ändert, schreitet der Entfremdungsprozess weiter in das Stadium, wo man nur zu archaischen Äußerungen fähig ist: kämpfen (d.h. andere attackieren), flüchten (in die »Innere Kündigung«, in den »sekundären Krankheitsgewinn« der einforderbaren Rücksichtnahme oder zu einem »Gesundmacher«), tot stellen (d.h. den letzten Rest von Energie bis zur Erschöpfung wegfließen lassen).

»Am Abend wird der Faule fleißig«, unkt der Volksmund und verkennt dabei, dass Depressionen frühmorgens am niederdrückendsten empfunden werden, sich gegen Abend hin aber vermindern. Überhaupt glauben noch immer viele, die sich verpflichtet fühlen bzw. haben, andere »auf Trab« zu bringen, dies mittels Demütigungen am besten zu bewerkstelligen. Das alte militärische Modell ist so »eingebläut« – ein Wort, das sich auf das »grün und blau schlagen« gründet! – worden, dass entgegen aller Erkenntnisse der jüngeren Sozialpsychologie und Neurobiologie immer wieder darauf zurückgegriffen wird, wenn Appelle oder Befehle nicht sofort Wirksamkeit zeigen; leider nicht nur von ungebildeten Menschen, sondern auch von vielen Fachleuten, die sich nicht weiterbilden oder auch nur über Widerspruch profilieren wollen.

Die klassischen Formen, energielose Menschen wieder in Schwung bringen zu wollen, kann man den Phasen der psychosexuellen Entwicklung[129], die Charakter prägende Wirkung besitzen, zuordnen.

Diese sind:

~ Oral – »stillend« – angelegt wäre in diesem Sinne, den abgesunkenen Energiespiegel durch Süßigkeiten, Alkohol oder Zigaretten oder überhaupt nur Essensaufnahme heben zu wollen.

~ Anal – so die Bezeichnung der zweiten Phase der psychosexuellen Entwicklung – wäre das bereits aufgezeigte »militärische« Modell mit Befehl, Dressur (»Exerzieren«) und Sanktion bei Nichtbefolgen. Das Problem dabei: Suggestionen wie »Sich zusammenreißen«, »Zähne zusammenbeißen« und »Ohren steifhalten« führen genau zu den Verkörperungen, die als »depressive Maske« zu den, zumindest für Fachleute, sichtbaren Symptomen depressiver Stimmungen und Verstimmungen zählen. Wenn man »locker lässt«, »den Mund aufmacht« und »die Ohren hängen lässt« (wie man es bei Hunden beobachten kann), würgt sich nur zu oft das viel zu lange zurückgehaltene Weinen empor. Ein soldatischer Mann – und heutzutage ebenso eine Kämpferin – dürfen aber nicht weinen, sondern sollen Gefühle höchstens als Zorn und Kampfeslust äußern (aber selbstverständlich nicht gegenüber den vorgesetzten Autoritäten).

~ Phallische Formen der Energiesteigerung wären die Dominanzgesten, die heute als »Ego-Marketing« sogar professionell empfohlen werden. »Man muss ›sich verkaufen‹ können«, schreibt Corinne Maier, »als wäre Ihre Persönlichkeit ein Produkt, dem man einen Warenwert zuschreiben könnte.« Wenn man etwas verkauft, rufe ich in Erinnerung, bekommt man dafür Geld – und Geld ist auch Energie, allerdings tote Energie. Maier ätzt: »Das Ziel ist, darauf aufmerksam zu machen, dass Sie auf sich aufmerksam machen können, danach kann man immer noch sehen, ob Sie auch etwas können!«[130]

~ Ödipal hingegen wäre permanentes Rivalisieren um die Aufmerksamkeit, Gunst, daher wiederum Energie anderer. Auch wenn Konkurrenzkämpfe langfristig Energie zehren (zu Beginn gibt es einen scheinbaren Energieanstieg durch die Aufladung zur Kampfbereitschaft), gibt es doch ab und an einen Sieg, zumindest einen eingebildeten, und der kann zumindest kurzfristig den Energiespiegel heben.

Da aber all diese längst bekannten, längst geübten Praktiken nicht auf Dauer energetisch »füllen«, die Angst vor dem sozialen Abstieg in der »5-Minuten-vor-Zwölf«-Wirtschaftslage zu Beginn des 21. Jahrhunderts aber vielen deutlich vor Augen führen, dass sie sich steigern müssen, wenn sie »am Ball« bleiben wollen, boomt ein weiteres Angebot zur Selbstvervollkommnung: das Erlernen von Zaubersprüchen und anderen magischen Ritualen.

PSYCHOKULTE

Als in den späten 1960er Jahren auch in Europa gruppendynamische Seminare modern wurden, dachten viele, durch die darin praktizierte Selbsterfahrung im offen gelegten Konflikt mit den anderen würde man zu einem besseren, nämlich kooperativeren, solidarischeren, demokratischeren, vor allem aber liebevolleren Menschen werden. Der Schock der Enttarnung von Unmenschlichkeit des Dritten Reichs saß vielen noch in den Knochen. »Niemals vergessen!« und »Wehret den Anfängen!« bedeutete mehr als nur Politparole.

Bald spaltete sich diese »Bewegung« in zwei Teile: denjenigen auf der Suche nach der verlorenen Seele standen Besserwisser gegenüber und über-drüber, die mit Hilfe der erlernten oder auch nur oberflächlich abgeschauten Interventionen Mitarbeiter/innen selektierten oder sich selbst über die »minderwertigen Vergleichsmenschen« (Wilfried Wieck) erhöhen wollten.

Damals begann sich bereits eine elitäre Minderheit von Gruppendynamikern diskret mit Schamanismus zu beschäftigen; sie lasen Castaneda und holten den einen oder anderen »Curandero« aus Lateinamerika heimlich nach Europa. Andere hielten es mit Mantak Chia und fernöstlichen Kampftechniken – vor allem auch, weil sich diese bei erfolgshungrigen Managern besser vermarkten ließen. Ein weiterer Versuch eines renommierten Trainingsinstituts mit einer sibirischen Schamanin scheiterte. Die Zeit war noch nicht »reif« – oder die Zielgruppe der Topmanager noch nicht bedürftig genug.

Nach dem Gruppendynamikboom folgten Sensitivity Trainings, nach diesen startete NLP (Neurolinguistisches Programmieren) seinen Siegeszug – ein klassisches Wechselspiel zwischen »soft« und »hard skills«. NLP setzte sich vor allem im Wirtschaftsbereich durch; ein NLP-Diplom galt ja auch vielen als Garantie für »Sozialkompetenz« seiner Inhaber/innen – aber solch ein »Schein« (im Doppelsinn des Wortes!) erweist sich meist als Selbsttäuschung.

Interessant in diesem Zusammenhang ist, dass die beiden ursprünglichen Lehrbücher des NLP, die auch als Wissenschaftsliteratur bezeichnet werden können, den Titel »Die Struktur der Magie«, I und II,[131] tragen – ähnlich dem Titel »… Worte waren ursprünglich Zauber«, eines psychotherapeutischen Grundsatzbuches von Steve de Shazer, einem der ersten »systemischen« Psychotherapeuten.

Nach NLP zärtelten sich viele durch die »Arbeit mit dem Inneren Kind« – einem Mini-Fragment aus dem Gedankengebäude der psychotherapeutischen Schule der Transaktionsanalyse –, bis sie sich kurz darauf den patriarchalischen »Ordnungen der Liebe« unterwarfen, nämlich der »Aufstellungsarbeit« des ehemaligen römisch-katholischen Ordenspriesters Bert Hellinger, welche vielfach zu Unrecht für Psychotherapie gehalten wird.[132] Psychotherapie begleitet nämlich zusätzlich zu ihrem Anspruch der Heilung und Prävention seelischer Leidenszustände sowie psychischer Störungen und Erkrankungen Menschen auf dem Weg der Selbststärkung – nicht aber zur unkritischen Unterwerfung unter irgendwelche selbsternannten Autoritäten. Und: Psychotherapie findet nicht in einer einmaligen »Show« statt, sondern ist ein Step-by-Step-Prozess. Aufstellungsarbeit in der Hellingerschen Weise hingegen beansprucht Interpretations- und Lenkungsmacht für einen Guru. Diejenigen, die bei einer »allwissenden« Elternfigur (bevorzugt Ersatzvater) Halt suchen, tauschen ihr Wohlverhalten gegenüber dieser Autorität gegen den mühseligen Weg des Entwachsens aus pseudofamiliärer Geborgenheit und damit Erwachsenwerdens. Das bedeutet auch: für sich stehen zu können und – allein. Leider erkennen sogar manche Psychotherapeut/innen diese Verlockung nicht und vermeiden so die Aufarbeitung der Sehnsucht nach einer nicht missbrauchenden Autorität.

Seit Neuestem wendet sich der Psychotrend erneut dem Schamanismus zu. Dagegen wäre nichts zu sagen, wenn es um die Erforschung ethnomedizinischer Methoden und Denkweisen indigener Kulturen und damit den wissenschaftlich begründeten Respekt vor dem Anderen ginge, die Suche nach Bereicherung durch komplementärmedizinische Heilweisen inbegriffen.

Tatsächlich wird aber vielfach nur Neugier – Betonung auf Gier – bedient und das berechtigte Bedürfnis nach Entwicklung

Psychotherapie findet nicht in einer einmaligen »Show« statt, sondern ist ein Step-by-Step-Prozess.

der eigenen Person in Eliteüberheblichkeit übergeführt und kommerzialisiert. Diese Gefahr besteht allerdings sogar bei Hochschulstudien: dass man primär die Fachsprache einübt und den Standesdünkel, nicht aber die Demut und Nachfolgebereitschaft gegenüber den Leistungen der jeweiligen Pioniere in deren Dienst an der Allgemeinheit.

Inmitten all dieser Trends und Moden schlängeln sich sogenannte Mentaltrainings durch: Manche propagieren lediglich »Positives Denken« oder Ansprache an das »Höhere Selbst«, andere versprechen in länger dauernden Ausbildungen »Geistheilung durch sich selbst«[133] oder »neue Lern- und Lebenserfolge durch vertiefte Entspannung«.[134] Oder sie vermarkten selbstinduzierte Heilungserfolge – denen selbstverständlich Respekt entgegenzubringen ist – in Rezepturen für Menschen, die weder die Auslösesituation noch die Arbeit an sich selbst teilen.[135]

Am längsten dauern diejenigen geistigen Trainings, die »Einweihung« entsprechen. Sie knüpfen an östliche oder andere, möglichst exotische, religiöse Traditionen an; die Ursache für diese Anreize sieht der Gehirnforscher Christoph Evans neben den Begleiterscheinungen von zunehmend größerem Wohlstand und damit ausgeweiteter Reisetätigkeit darin, »dass die traditionellen westlichen Glaubenssysteme in einem verhältnismäßig rapiden Verfall begriffen sind«, und: »So wie die britischen Eroberer vor zweihundert Jahren den Orient um einen Teil seiner materiellen und künstlerischen Reichtümer erleichterten, scheinen die Leute heutzutage den geistigen Beistand und die Ikonographie des Ostens für sich zu reklamieren.«[136]

Schon Anfang der 1970er Jahre kritisierte der renommierte amerikanische Psychotherapeut George R. Bach die kommerzielle Ausbeutung auf dem neuen Psychomarkt: »Eine veränderte gesellschaftliche Situation ruft auch veränderte psychische Probleme im individuellen und sozialen Bereich hervor. Um diese Bedürfnisse herum hat sich in den USA – in Deutschland bahnt sich eine ähnliche Entwicklung an – ein riesiger Markt gebildet, der einem Warenhaus gleicht, in dem man verschiedene Erfahrungen und Erlebnisse einkaufen kann. Jede Abteilung betreibt eine marktschreierische Werbung.« Denn: »Der moderne Mensch befindet sich in jeder Beziehung seines Alltagslebens in einer nie da gewesenen Abhängigkeit: Er fährt einen Wagen, den er nicht versteht, er trägt Kleider, die er nicht selbst angefertigt hat; er nährt sich von Früchten, die er nicht gesät und geerntet hat; er wird behandelt von Ärzten, die eine für ihn fremde Sprache sprechen, er vertraut seine Gesundheit der Macht der Pillenchemie an, seine Forderung nach Gerechtigkeit muss er an Rechtsanwälte übergeben, denn er ist nicht fähig, im Paragraphenwald seinen Fall wiederzuerkennen; die Massenmedien überfluten ihn mit Informationen, die ihn verblüffen, beängstigen und verschrecken« – und: Einschub von mir: gierig machen! –, »aber er steht den Ereignissen machtlos gegenüber ...«[137] und ich ergänze: Er oder sie steht im klassischen Sinn »entfremdet« gegenüber.

Dass da die Sehnsucht nach Sicherheit spendenden Figuren[138] und/oder wenigstens Ritualen wächst, die das »existenzielle Vakuum«[139] füllen, scheint verständlich. Wer allerdings im Austausch mit solch einer »Elternersatzfigur« keinen eigenen seelisch-geistigen Wachstumsprozess mit quasipubertärem Widerstand und – hoffentlich respektvoller – Ablösung in Gang setzt, läuft Gefahr, den »zunehmenden Tendenzen zu neuen dogmatischen Lebensanschauungen, die von ihren Anhängern mit fanatischem Behauptungswillen und sektiererischem Eifer verfochten werden« und die zum »Religionsersatz mit eigenen Bibeln«[140] werden können, zu erliegen. Gelegentlich trifft man dann sogar akademisch ausgebildete »Gläubige«, die völlig unkritisch Personen, die sich mit dubiosen exotischen Doktortiteln aus Übersee wie etwa dem der »Naturopathie« (das soll nach Selbstaussagen Naturheilkunde bedeuten), schmücken, Gefolgschaft leisten – obwohl sie eigentlich erkennen müssten, dass diese Gurus die Heillegitimation durch Ärztegesetz, Psychotherapiegesetz und auch den Schutz akademischer Graduierungen verletzen, was im Klartext heißt, dass sie kriminell sind.

Die Frage ist dann nur, ob leichte oder grobe Fahrlässigkeit oder gar böse Absicht vorliegt – wie es im Gesetz heißt. Oder nur Naivität? Egal – jede dieser Geisteshaltungen und Verhaltensweisen allein disqualifiziert bereits.

UNTERSCHEIDUNG DER GEISTER

Genau darum geht es: Wie kann man korrekte Wege von Irrwegen, seriöse Angebote von unseriösen unterscheiden? Unter den vielen Angeboten von sogenannten Mentaltrainings zur Selbststärkung verbergen sich ja die unterschiedlichsten Methoden, meist von cleveren amerikanischen Psycholog/innen bruchstückhaft aus der Vielfalt europäischer Psychotherapieschulen abgekupfert; das sind die, die als wissenschaftlich fundiert anerkennenswert sind. Es gibt aber auch andere, die wohlmeinend unter Esoterik, überkritisch unter Scharlatanerie summiert werden können.

Mentaltraining ist ein Überbegriff und kann mit unterschiedlichen Sichtweisen gefüllt werden. Grundsätzlich zielen derartige geistige und oft auch körperliche Übungen auf Änderung von dysfunktionalen Denkmustern, darin sind auch indoktrinierte Glaubenssätze aus Familie, Schule, Religion oder Ideologien beinhaltet sowie die daraus folgenden Einstellungen. Ähnlich wirkt auch Psychotherapie, und aus deren Schulen stammen auch die fragmentarischen Methoden und Techniken, die isoliert – also ohne Grundlage eines wissenschaftlich fundierten Menschenbildes in der Bandbreite von Gesundheit und Krankheit – das Repertoire des jeweiligen Trainingsprogramms darstellen. In der psychotherapeutischen Arbeit hingegen wird immer auch die seelische Komponente ebenso mitberücksichtigt wie die individuelle Biografie und gleicherweise die jeweilige aktuelle private bzw. berufliche Beziehungskonstellation (wobei die intuitive Komponente im Sinne der Quadrinität nach C. G. Jung, vgl. oben, Seite 27, die etwa in der Psychotherapie Arbeit mit kreativen Methoden beinhaltet, der geistigen Komponente zugezählt werden kann).

Zu den wissenschaftlich anerkennbaren Mentaltrainings zählen

~ autogene Trainings zur Beeinflussung von Körperempfindungen und -reaktionen, also beispielsweise Atmung, Pulsschlag, Durchblutung oder Muskeltonus. Dazu gehören die klassische Entspannungs- und Selbstheilungstechnik Autogenes Training nach J. H. Schultz[141] ebenso wie die Arbeit mit geistigen Erinnerungsbildern oder Heilworten, wie sie etwa der Harvard-Kardiologe Herbert Benson[142] in der Arbeit mit Herzkranken erprobt hat oder wie sie von den Simontons[143] oder der Hamburger Psychologieprofessorin Frauke Teegen[144] bei unterschiedlichen Krankheitsformen propagiert wurden.[145] Bei Erschöpfungszuständen können derartige Suggestionen hilfreich sein, um zu körperlicher wie seelischer Entspannung zu kommen;

~ das gezielte Ersatz- oder Zusatztraining mit oder ohne visuelle Unterstützung zur Perfektion von Körperbewegungen im Sport oder etwa auch in der Rehabilitation von Unfallopfern;

~ Meditationstechniken, wie beispielsweise Atemkontrolle, um den Zustand geistiger Leere – das Schweigen des stetig plappernden Affengeistes[146] – und damit geistige Erneuerung zu erlangen.

Diese Methoden werden üblicherweise nur von offiziell approbierten, d.h. in die Listen des Gesundheitsministeriums oder der Berufsverbände eingetragenen Fachleuten angeboten; diese verzichten üblicherweise auf verlockende Formulierungen und andere marktschreierische Werbung.

Es gibt aber auch »metapsychologische«, d.h. außerhalb anerkannter psychotherapeutischer oder psychologischer Methoden, vielfach aus Amerika importierte Techniken wie zum Beispiel

~ das sogenannte »positive Denken«, mit dem einseitig, daher verleugnend, die dunklen Seiten des Lebens ausgeblendet werden sollen. Tatsächlich besteht aber die korrekte Form des »positiven Denkens« darin, auf »negaholische«[147] Autosuggestionen wie beispielsweise »Das kann ich nicht« (statt »Das kann ich *noch* nicht – das muss ich noch üben«) oder »Dazu bin ich zu schwach« (statt »Dazu muss ich erst noch mehr Kraft aufbauen«) zu achten und sich abzugewöhnen;

~ sogenannte Affirmationen, das sind gebetsmühlenartig zu wiederholende Autosuggestivparolen zur Selbstberuhigung und Selbstermutigung; problematisch werden sie dort, wo sie gezielt als Ersatz für korrekte Heilbehandlung von Symptomen eingesetzt werden[148];

~ vor allem aber die auf »Erhöhung« hochgeistiger Bewusstheit abzielenden Rituale der Transzendentalen Meditation – einem »getarnten Versuch der Missionierung zum Hinduismus«[149] – und analogen Methoden, »indem man sich über den Schweinestall des Lebens (wie die Hindu-Literatur die irdische Existenz treffend nennt) erhebt und das wahre Bewusstsein erlangt.«[150]

Besonders problematisch wird das für Laien kaum überschaubare Angebot aus dem Supermarkt der Erleuchtung aber auf dem Ausbildungssektor. Der Volksmund ätzt zwar: »Wer es kann, der tut es, wer es nicht kann, unterrichtet« – doch ist hier zu unterscheiden, ob jemand nach jahrelanger erfolgreicher Praxis in staatlich-akademische Unterrichtspositionen berufen wird, oder ob jemand ein kommerziell ausgerichtetes Bildungsinstitut gründet – wie auch immer es benannt wird, vielleicht sogar verbotenerweise unter der Vortäuschung, es handle sich um ein Universitätsinstitut – und womöglich nicht einmal auf Vereinsbasis oder Gewerberecht, sondern mit unqualifizierten Anverwandten auf dem freien Markt platziert.[151]

So erinnere ich mich an ein Seminar zu Führungsqualifikationen, das ich vor Jahren in einer ländlichen Volkshochschule abhielt. Unter den Teilnehmern war ein schlichter älterer Mann aus einem handwerklichen Beruf, der eine »Schule des Lebens« gründen wollte. Er habe ein Seminar bei einem Guru absolviert, erzählte er begeistert in der Runde, und das habe ihm so gefallen und gut getan, deshalb wolle er das jetzt auch in seiner umgebauten Werkstatt kopieren.

Sich vervollkommnen zu wollen, ist grundsätzlich nicht nur lobenswert, sondern vor allem salutogen: Es fördert seelisches Wachstum, Reife und Gesundheit. Für Psychotherapeut/innen und Lebens- und Sozialberater/innen schreiben sogar die berufsspezifischen Gesetze jährliche Fortbildungen vor – nicht nur zur fachlichen Weiterbildung, sondern auch zur Konfrontation mit kritischen Kolleg/innen quasi als professionellem Spiegel. Außerdem bietet der Kontakt mit neuen Inhalten und

Sich vervollkommnen zu wollen fördert seelisches Wachstum, Reife und Gesundheit.

neuen Personen eine innovative Aktivierung eingefahrener Sichtweisen und Verhaltensmuster und stellt damit eine effiziente Burn-out-Prophylaxe dar. Und er bringt neue Energie!

GRENZÜBERSCHREITUNGEN

Die Frage, die sich dabei stellt, ja sogar stellen muss, ist die nach den Grenzen des Wachstums. Wo beginnt die krebsartige Auswucherung?

Den Reiz, den diese »Kulte des Irrationalen«, häufig mit fernöstlichem oder lateinamerikanischem Einschlag, ausüben, führt der Experimentalpsychologe Evans einerseits auf die »in ihnen verborgene Verheißung erhöhter geistiger und körperlicher Kräfte«, andererseits auf »die Logik, die Philosophie und Terminologie des Buddhismus, Hinduismus, Islam und so weiter« zurück, die, »überträgt man sie ins ›Pop-Europäische‹, so vage und gestaltlos« ist, dass der »Durchschnittsbürger so gut wie alles in sie hineinlesen kann, was er hineinlesen möchte«.[152] Das allerdings, so möchte ich festhalten, kann man immer und überall – paranoide Phantasien inbegriffen.

Das Zivilrechtswesen normiert, dass, wer Fachwissen behauptet und anbietet, auch für jeden Schaden haftet, den er oder sie dadurch anrichtet. Solche Gesetzesstellen gelten auch für alle »Heilsversprechen«. Nur: Die Angehörigen dieser »neuen«, häufig mit dem Beiwort »ganzheitlich« und »holistisch« geschmückten »Gesundheitsberufe« agieren zumeist im vermeintlich rechtsfreien Raum, denn juristisches Fachwissen über die Voraussetzungen, Rahmenbedingungen und Verantwortlichkeiten psychosozialer Dienstleistungen sehen ihre Ausbildungen nicht oder kaum vor, auch mangelt es an Qualitätsstandards, ja sogar an gewaltverzichtender salutogener Kommunikation sowie tiefenpsychologischer und ethischer Selbsterfahrung. Statt auf die Sinnhaftigkeit der jeweiligen Gesetze vertraut man lieber auf die Gesetze des Karma, göttliche Ordnungen oder die Gemeinschaft der Weißen (oder auch Schwarzen) Bruderschaft. Ich bin immer wieder erstaunt und auch entsetzt, mit welcher Unbekümmertheit sich Personen nach ein bis zwei Wochenendseminaren halb- bis viertelgebildet zutrauen, sich in das Leben anderer hineinzuwagen – meist dazu noch ziemlich übergriffig. Aber dass sich andere vampirgleich[153] von ihrer Seelenenergie nähren, sind die meisten Menschen bereits aus ihren Herkunftsfamilien gewohnt, daher können sie sich Alternativen schwer vorstellen (oder aber dies würde zu viel Trauer auslösen).

Diese Sehnsucht der Menschen, endlich einmal »spendende« Elternersatzfiguren zu finden, nutzen »kreative« Künstler wie der Science-Fiction-Autor L. Ron Hubbard oder der ehemalige Zeichenprofessor Otto Mühl aus, die aus einer Mischung fehlverstandener Psychoanalyse und narzisstischer Selbstbeweihräucherung ordensähnliche Verbindungen wie Scientology oder die AA-Kommune (wobei AA für Aktions-Analyse steht) gründeten, deren Mitglieder zur psychischen wie finanziellen Selbstentblößung motiviert in Abhängigkeit schlitterten und bei Distanzierungsversuchen massiv sanktioniert wurden.

Derartig sektenartige Zusammenschlüsse findet man immer wieder rund um einen Guru – männlich oder weiblich, international oder nur knapp auf den Umkreis um ihr Domizil beschränkt – als vermeintliche Kraftquelle, an die sich selbstunsichere oder entkräftete Menschen anheften und hoffen, durch dessen »Mana«[154] von ihren vorhandenen – oder manipuliert erweckten – Selbstzweifeln und Unzulänglichkeitsgefühlen befreit zu werden. Was diese Jüngerschaft eint, ist die aggressive Bereitschaft, jede Kritik an ihrer Leitfigur, und sei sie noch so sanft bzw. sachlich, sofort vehement zu bekämpfen – ein klassisches Zeichen für unkritische Identifikation. Dies erinnert mich immer an die »Unfähigkeit zu trauern«[155] nationalsozialistischer

Parteigänger nach dem Niedergang ihrer »Führer«. Solche Führer berufen sich auch auf göttliche Offenbarungen oder, abgeschwächt, aber mit ähnlichem Glaubensanspruch, auf »die Wissenschaft«. Christopher Evans zitiert in diesem Sinn aus dem Überprüfungsbericht eines Untersuchungsausschusses eines US-Bundesstaates über Scientology: »Ihr Gründer verfügt über nicht mehr als einen Hauch von Ahnung in verschiedenen wissenschaftlichen Bereichen, und diese Ansätze von Halbbildung sind die Fundamente, auf dem er ein verrücktes und gefährliches Gebäude errichtet hat …«[156] Evans erinnert, dass Hubbard immer darauf bestanden habe, dass es sich bei seiner Dianetik und Scientology um exakte Wissenschaften handle, die sich durch ihre strenge Logik und – bei »richtiger« Anwendung, versteht sich, die nur er und seine Mitarbeiter beurteilen könnten – extrem hohe Erfolgsquote auszeichneten. Evans schreibt dazu: »Bei genauerem Hinsehen zeigt sich jedoch, dass die Logik alles andere als streng ist und dass der Eindruck des Logischen allein dadurch erzielt wird, dass Hubbard einen Spezialjargon entwickelte, der es oft unmöglich macht zu sagen, ob eine bestimmte Aussage sinnvoll oder sinnlos ist.«[157]

Oft genügt wirklich ein »Spezialjargon«, um den Eindruck von Überlegenheit zu erwecken.

Verzichtet man aber auf diese Strategie, sich »nobler« darzustellen als man ist, wird meist die Wissenschaftlichkeit abgesprochen; zumindest in Europa, das aufgrund seiner Geschichte ein anderes Hierarchieverständnis aufweist als die

Oft genügt ein »Spezialjargon«, um den Eindruck von Überlegenheit zu erwecken.

Vereinigten Staaten mit ihrer Selfmademan-Ideologie ohne sakrosanktes Gottkaisertum, das keinesfalls hinterfragt, geschweige denn kritisiert werden durfte.

Sakrosankt sind vielen auch die Heilerberufe; erst in jüngster Zeit wagen immer mehr Menschen, die drei P-Berufe – Priester, Pädagogen, Professoren (Schulmediziner und Psychoberufler mitgemeint) – kritisch zu überprüfen, und das auch meist nur dann, wenn die konkrete Kommunikation nicht so abläuft wie in den Fernsehserien, in denen sich Angehörige von Helferberufen für ihre Klientel »zerfransen«. In der Realität bewegen sie sich am Rande des Burn-outs, vor allem, weil sie sich bemühen, den Idealen ihrer Studienzeit gerecht zu leben und gleichzeitig den Vorgaben der Verwaltung und Bürokratie zu entsprechen. Ein weiterer Grund liegt in der von Herbert Benson treffend aufgezeigten »Mentalität, die heute unter Ärzten und Pflegepersonal weit verbreitet ist: Triumphe oder Misserfolge werden als persönliche und professionelle Siege oder Niederlagen betrachtet, statt darin unvermeidliche, natürliche Vorkommnisse in einer Welt zu sehen, in der Menschen manchmal krank werden und wieder genesen, und manchmal krank werden und sterben.«[158]

SCHWARZE UND WEISSE MAGIE

Die Sehnsucht mancher Menschen nach Geheimwissen, das traditionell mit dem Priesteramt verbunden war, ist uralt.[159] Meist dient es der Phantasie, dadurch zu Macht zu gelangen – über den oder die Geliebte, Menschenmassen oder auch nur die Börsenkurse[160] – und eigene individuelle wie auch kollektive Ohnmachtserfahrungen zu überkompensieren. Besonders deutlich erkennbar wird dies in den Bestrebungen der nationalsozialistischen »Visionäre« Lanz (»von Liebenfels«), Sebottendorf und Wiligut[161], die sich nicht allein mit Publizistik begnügten, sondern immer kollektive Verstärkung ihres Größenselbst suchten, was zuletzt durch Heinrich Himmler und seine SS perfektioniert wurde. Geht man weiter zurück, gelangt man zu Aleister Crowley, der sich als Wiedergeburt des »Tieres« 666 fühlte, noch weiter zurück zu Marquis de Sade … immer Personen, die menschliche Unvollkommenheit durch eigenes Wollen zu überwinden suchten.

Hinweise auf die Notwendigkeit, den eigenen Willen gezielt einzusetzen, finden sich aber auch in vielen aktuellen Lebenshilferatgebern. Sie kommen vor allem bei solchen Personen gut an, die ein ungelebtes Aggressionspotenzial in sich tragen und seelische Erleichterung verspüren, wenn ihnen geraten wird, »böse« überall hin zu kommen und eben nicht in den Himmel.

Parallelen finden sich auch bei Frauen, die, mehr humanitär und auf Heilung und Erleuchtung statt auf Dominanz und Macht ausgerichtet, Wege der Vervollkommnung suchten wie Helena Blavatsky oder Annie Besant, um nur einige zu nennen. Auch sie können als Wegbereiterinnen der heutigen Psychosekten gesehen werden.

Wie nun aber die »rechte« von der »falschen Braut« – ein häufig wiederkehrendes, daher bedeutsames Märchenmotiv und -symbol – unterscheiden?

Als Messinstrument bietet sich an, was ich gerne den »Narzissmus-Koeffizient« nenne:

~ Psychotherapie zielt auf Realitätssicht: Erkennen und Akzeptieren eigener Unzulänglichkeit, unterscheiden lernen, was davon tatsächlich Lernbedarf aufdeckt und was »nur« illusionäre Größenphantasien sind. Beides betrifft auch die Psychotherapeut/innen! Daher werden seriöse Psychotherapeut/innen zwar durchaus vorsichtig Prognosen abgeben, aber keinerlei Garantien, denn das wäre wohl Selbstüberschätzung … Psychotherapie zielt unabhängig von der angepeilten Symptombeseitigung immer auch auf bessere Bewältigung des Alltagslebens, Abbau von destruktiven Hemmnissen und wohlwollende Selbstwertschätzung.

~ Psychosekten zielen auf Zukunftsvisionen von problemfreier Selbsterhabenheit; ihre Gurus bieten sich bzw. die von ihnen propagierten Vorbilder als Modelle an. Die Größenphantasien ihrer »Adepten« (Einweihungsanwärter) werden nicht hinterfragt, sondern gefördert; vielfach wird auch der Wechsel auf die andere Seite als Kompagnon des Gurus nahe gelegt (nach entsprechender teurer Ausbildung natürlich).

~ Was beide einen kann, nicht muss, ist die Wirkung der »Droge Arzt« (oder Therapeut oder Guru). Unter diesem von dem hungaro-britischen Arzt und Psychoanalytiker Michael Balint geprägten Begriff[162] versteht man die Heilwirkung der (energetischen) Zuwendung in der Beziehung zwischen einer Heilerperson und ihrer Patientenschaft. Zusammensein mit Personen, denen man – zu Recht oder Unrecht, ist egal – vertraut, daher offen gegenübertritt (oder -sitzt), spendet Kraft. Selbsterfahrungsgruppen können süchtig machen! Oxytocin-süchtig! Oxytocin ist ein Hormon, das prosoziales Verhalten wie Zärtlichkeit und Fürsorge auslöst und während des Geburts- wie auch Stillvorgangs ausgeschüttet wird. Endlich bekommt man vielleicht die Nähe, die in den ersten Kindheitsjahren so bitter nötig gewesen, aber nicht vorhanden war (aus welchen Gründen auch immer: Es ist auffallend, dass vor allem die Nachkriegsgeneration die Zielgruppe des Psychobooms bildet!). Genau diese Nähe ist es auch, die die Gefahr sexueller Übergriffe seitens der Leitungspersonen hervor-

Selbsterfahrungsgruppen können süchtig machen!

bringt: Man fühlt sich nahe, vermeint zu verschmelzen und glaubt, dies nur über die Genitalien bewerkstelligen zu können. Meist sind es Männer, die die psychische Abhängigkeit ihrer Klientinnen für den eigenen Lustgewinn ausnützen; mir sind aber auch Fälle bekannt geworden, in denen auch Frauen sich ihre Klienten bzw. Klientinnen verfügbar gemacht haben. Dieses Phänomen tritt überall auf, wo Menschen mit Macht ihre Bedürftigkeit nach Sozial- und Sexualkontakt nicht in der Eigensupervision bearbeiten, sondern Spontaneität (oder Stammhirnreaktionen) über professionelle Korrektheit stellen[163] und womöglich noch als besondere Therapieform (psychologisch) rationalisieren bzw. (juristisch) rechtfertigen.

Was solch eine sexuelle Ausbeutung an Langzeitfolgen nach sich ziehen kann, vor allem auch, wenn frau darauf kommt, dass das der Guru mit vielen Ausbildungsteilnehmerinnen treibt, beschreibt die Wiener Energethikerin Karin Brandl eindringlich in ihrem Buch »Auf spirituellen Abwegen«: Es ist ein Machtspiel, das die »Herren« stärkt und die Sklavinnen ins Burn-out treibt: »Ich hatte lange Zeit hinterfragt, ob Erschöpfung auf allen Ebenen, sogenanntes Burn-out, die Voraussetzung für Missbrauch bereitstellte, oder ob Missbrauch Burn-out erst kreierte. Ich kam zu dem Entschluss, dass beides durchaus real war ...«[164]

Selbst wenn Psychotherapeut/innen in ihren Ausbildungen mit dem Thema unerlaubter sexueller Beziehungen zu Klienten und Klientinnen nicht konfrontiert werden – in meinen vielen Ausbildungen war es nie ein Thema und wurde auch von anderen in einer Umfrage im Berufsverband bestätigt, allerdings in den 1990er Jahren –, so weisen die strengen Ethikrichtlinien für die Berufsausbildung deutlich darauf hin: Sexuelle Kontakte zwischen Psychotherapeut/innen, d. h. Angehörigen eines Elternersatzberufs, und Klient/innen stellen immer

Inzest dar, bedeuten Rollenkonfusion (Therapeut/in oder Liebhaber/in?) und haben nachweislich schädigende Auswirkungen, deswegen sind sie ausdrücklich verboten. Bei den nachahmenden energethischen oder esoterischen Ausbildungen fehlt die Auseinandersetzung mit diesem Thema leider immer, daher kommt es auch häufig zu solchen Grenzverletzungen – und meist haben die betroffenen Frauen solche schon in ihrer Biografie erlebt, haben daher nicht gelernt bzw. nicht lernen dürfen, sich abzugrenzen und zu verteidigen. Sie kommen quasi in der Suche nach Regenschutz vom Regen in die Traufe.

Gelegentlich erfährt man aus den Medien, dass sich der eine oder andere sogenannte Hypnosetherapeut oder Mentaltrainer nach Strafanzeige ins Ausland abgesetzt habe – dennoch geht das Spiel mit dem Herzen vertrauensvoller Hilfsbedürftiger weiter. Im Gegensatz zu den wohlbekannten Flirtspielen besteht aber im Psychobereich ein Ungleichgewicht an Autorität, Fachwissen und Einflussnahme. Das zieht auch an – man hofft, am Mana teilzuhaben, und man spielt mit. »Überspitzt könnte man sagen, Psychologie ist heute ein Gesellschaftsspiel par excellence geworden, das alle anderen Spiele in die Tasche steckt«, schreibt ja auch der Psychologe George Bach.[165] Diese Spielsalons machen fette Gewinne.

»Geld hat die negative Funktion eines Gradmessers für die Entwertung von Gütern und Dienstleistungen, die nicht käuflich zu haben sind«, betonte der altösterreichische (kroatische) Philosoph, Theologe und katholische Priester Ivan Illich (1926 bis 2002). Er meinte damit, je mehr eine Bevölkerung Zeit, Mühe und Opfer aufbringe, um eine (in seinem Beispiel Medizin als) Massenware zu produzieren, desto größer sei auch das »Nebenprodukt«, nämlich der Irrtum, »die Gesellschaft besitze versteckte Reserven an ›Gesundheit‹, die nur erschlossen und vermarktet zu werden bräuchten«.[166]

So beginnt die finanzielle Manipulation dort, wo der »Einweihungsweg« zum Übermenschen, der alle Belastungen souverän überwindet, beworben wird, egal, ob eher geistig in einem Powerseminar oder mehr körperlich im Wellnesshotel; damit wird Aufmerksamkeit auf das Trugbild künftiger Exzellenz hingelenkt statt auf das Erkennen von Ausbeutung, Diskriminierung und Gehirnwäsche, das Verstehen von deren Ursachen und Profiteuren und auf die Möglichkeit von Bemühungen, gesundheitsgefährdende Ungleichheiten unnötig werden zu lassen. Das würde allerdings auch politische Aktion bedeuten. Die scheuen viele im Sinne von »Ein garstig Lied! Pfui! Ein politisch Lied!«[167] Aktiv werden gehört aber im Sinne der C. G. Jung'schen Quadrinität (vgl. oben, S. 27) zur Ganzheit dazu.

Viele Menschen denken einseitig nur daran, wie sie Energie gewinnen könnten, richten also all ihre Aufmerksamkeit nur auf die eine Waagschale ihres Gleichgewichtssystems. Sie überlegen nicht, wie sie ihre Energie für die Gemeinschaft einsetzen könnten. Sie sind »Haben-Menschen«, die nur Spaß, Lust, Erfolg »haben« wollen (und keine »Sein-Menschen«, die in sich ruhend bleiben wollen, egal, was »draußen« vor sich geht, und sich bemühen, nicht »außer sich« zu geraten). Haben-Menschen ignorieren, dass zum Zustand der Lebendigkeit immer auch der körperliche wie seelisch-geistige Stoffwechsel dazu gehört – und dass der manchmal sehr schmerzhaft sein kann.

Um im Bild der Ausgewogenheit zu bleiben: Zur ausgeglichenen Ganzheit gehört immer auch die andere Waagschale dazu – die Waagschale der Erfolglosigkeit, des Scheiterns, des Unglücklichseins, des Kraftverlusts. Chronisch soll es nicht werden, sondern eine Herausforderung, nicht im Schmerz stehen zu bleiben, sondern sich weiterzuentwickeln.

Heilen, auch sich selbst heilen, bedeutet ganz machen.

6. Auf der Suche nach der sexuellen Potenz

Wenn die Menschen die Fähigkeit zur Freude
an dieser unserer irdischen Existenz verlieren,
so kommt es daher, dass sie das Leben nicht genügend lieben
und es zu einer öden Gewohnheitssache werden lassen.
LIN YUTANG[168]

Wenn der Energiepegel absinkt und auch die letzten Kraftreserven zu verschwinden drohen, sucht der Mensch nach Nachschub, und der heißt meistens Nahrung – Essen oder lieber noch Trinken, denn das wirkt schneller. Anstrengung frisst Zucker, Stress lässt den Dopaminspiegel absinken: Man spürt, wie der Muskeltonus nachlässt, wie man zittert, »in die Knie geht«, am liebsten in den Boden versinken würde – oder auf jemanden hin, der einen hält und mit seiner Energie nährt.

Als Ungeborene werden wir über die Nabelschnur genährt –

und dieses absolute Versorgtwordensein bleibt als leib-seelisch-geistiges Wissen um diese Möglichkeit und damit auch als Anspruch in unserem Unbewussten verankert. Wenn wir dann als Geborene gestillt werden, bekommt dieses Nährende ein Antlitz, und das ist fast immer weiblich. So wird verständlich, dass Ansprüche auf emotionale Versorgung und Zuständigkeit für körperliches Wohlbefinden sich primär an Frauen richtet im Gegensatz zu Ansprüchen auf kämpferische Verteidigung; diese werden noch immer Männern zugetraut, obwohl die Realität zeigt, dass man darauf nur zählen kann, wenn es um Revier- und Besitzkämpfe mit anderen Männern geht, nicht aber bei familiären Generationenkonflikten oder blankem Existenzkampf. Da ziehen sich viele auf eine Hilflosigkeitsposition zurück, vorausgesetzt, es gibt jemand, der oder die als stärker vermutet – oder listig definiert – wird und den Kraftpart übernimmt.

ZEITGEIST

In vielen therapeutischen, aber auch sozialforscherischen Gesprächen berichteten mir Frauen der Kriegsgeneration, wie sie im Krieg »ihren Mann stellen« mussten und sich auch bewähren konnten, und wie das ihr Selbstvertrauen gestärkt habe – sie erkannten auf diese Weise ja ihre Kraft und ihr Durchhaltevermögen. Ihre Hoffnung, der heimkehrende Mann werde sie nunmehr ablösen, erwies sich hingegen vielfach als Illusion: Der als propagierter potenzieller Held ausgezogen bzw. eingezogen worden war, erwies sich rückkehrend zerrüttet an Seele und damit auch Leib. Erst seit den 1990er Jahren konzentriert sich ein Zweig der Psychotherapieforschung auf die seelischen Traumatisierungen der Kriegsgeneration, vor allem der Männer, und dies gibt interessante Aufschlüsse, welches Männerrollenbild und welches Verhalten Frauen gegenüber sie an ihre Kinder weitergegeben haben.[169]

Zeigten die Propagandafilme[170] des Dritten Reiches den soldatischen Mann, der sich schlussendlich für größere Ideen aufopfert und dabei von einer hingebungsvoll duldsamen Frau unterstützt wird – und nicht den Verlockungen meist fremdländischer Verführerinnen oder heimtückischer Verräter erliegt –, folgten in der Nachkriegszeit, abgesehen von einigen Kunstwerken, die wagten, seelisch kaputte Menschen zu zeigen wie Helmut Käutners »Die Mörder sind unter uns«, im deutschsprachigen Raum Heile-Welt-Romanzen mit bevorzugt Förstern in der Heldenrolle. Amerika lieferte analog Wild-West-Helden – oder konsumglückliche Partyjugend mit Popcorn und Coca-Cola, die Sowjetunion »Pflicht über Neigung«, verpackt in Liebesgeschichten aus der Kolchose, Italien und Frankreich Alltagskomödien. Erst in den 1960er Jahren, und da vor allem aus Schweden, tauchten immer mehr gesellschaftskritische Filme auf, in denen nicht nur Strahlemänner über Bösewichte siegten und Frauen nach dem Motto (Filmtitel aus 1958) »Sei schön und halt den Mund« höchstens sekundieren durften.

In der psychotherapeutischen Arbeit fällt auf, wie sehr das Agieren der Filmhelden und weiblichen Stars das Sozial- und insbesondere Sexualverhalten der jeweiligen Generation jugendlicher Zuseher/innen prägt. Wer in den 1950er Jahren Teenager war, schweigt depressiv wie John Wayne oder James Dean, tobt eifersüchtig wie Gina Lollobrigida oder Sophia Loren oder dümmelt à la Marilyn Monroe oder Brigitte Bardot. In den 1960er Jahren begann der Siegeszug empfängnisverhütender Mittel und damit in den Filmen der folgenden Jahrzehnte zunehmende Details sexueller Freizügigkeit – zuerst noch bieder (wie in den »Aufklärungsfilmen« Oswalt Kolles), dann immer pornografischer. Je mehr körperliche »Action« in die Filmhandlungen eingebaut wurde, desto mehr verschwand die Darstellung von Liebe.

Liebe auszudrücken verlangt hohes schauspielerisches Können. Gary Cooper in »Wem die Stunde schlägt« konnte das noch, oder auch O. W. Fischer, Maria Schell, Ruth Leuwerik. Ich las einmal, dass Ingrid Bergman kritisiert wurde, weil sie in Liebesszenen immer gleich zu »schmachten« begonnen hätte. Wie abwertend! Aber verständlich – wenn von Seiten der Regie Coolness und Sachlichkeit gefordert wird und man damit bei den Jurys der Filmfestivals eher Erfolge einheimst. Oder die Zeit zum Proben gestrichen wird, wie mir viele meiner Schauspieler-Klient/innen erzählen; sie müssten sofort die Szene »bringen«, Zeit ist Geld, Wiederholungen gäbe es nur, wenn das Wetter kippt, aber nicht wegen Verbesserungsvorschlägen in der Darstellung.

Damit zeigt sich wieder, wie der Zeitgeist des Tempomachens auch dort wirkt, wo man die Chance bieten könnte, vorbildhaftes Zusammenwirken von Menschen in Liebesbeziehungen zu zeigen. Aber will »die Gesellschaft« wirklich Menschen, die einander liebevoll begegnen und damit Energie spenden?

Dass Liebe und Sexualität zusammengehören, deutet der Hamburger Sexualwissenschafter Gunter Schmidt, in historischen Dimensionen betrachtet, als »brandneu«, denn, so schreibt er: »Nämlich die Vorstellung oder genauer das Ideal: dass Liebe und Sexualität zusammengehören, d. h. Sexualität besonders intensiv und erfüllend ist, wenn sie in Liebe geschieht, und dass Liebe sexuellen Ausdruck braucht, um sie zu verwirklichen (ich formuliere dies etwas pathetisch, weil diese Vorstellung auch pathetisch ist); dass Sexualität Intimität ist, d. h. sich nah sein, Geborgenheit, Vertrautheit; dass Sexualität eine wichtige oder gar die wichtigste Grundlage von Partnerschaft und Ehe ist; dass eine befriedigende Sexualität eine besonders wichtige Voraussetzung für Lebensglück ist.«[171] Entstanden sei diese moderne Vorstellung als Folge der sozioökonomischen Veränderung der Lebenswelt im 20. Jahrhundert.

Höhere Produktivität durch Einsatz von Maschinen, damit verbesserte Ernährungsbedingungen und geringere Kindersterblichkeit brachten im 19. Jahrhundert den für die Industrialisierung benötigten Bevölkerungsanstieg, aber auch das Erfordernis einer an die Maschinen angepassten Zeitstruktur mit Strafen bei Verspätung, Unterbrechung oder Abwesenheit, Unaufmerksamkeit, Unsauberkeit etc. und die Trennung von Arbeitsplatz und Wohnstätte, erklärt Schmidt. »Es herrscht Mangelwirtschaft, Knappheit an Konsumgütern und eine Ideologie der Sparsamkeit und des Aufschiebens von Bedürfnissen«, und das spiegelte sich auch in der herrschenden Sexualmoral wider.[172]

»Bis zum 18. Jahrhundert gab es in Deutschland keinen Begriff für die biologische Familie als Fortpflanzungsgemeinschaft«, erinnert der Sexualforscher, denn Familie meinte die gesamte Hausgemeinschaft samt den an der Produktion im Haus Beteiligten, die im Kampf um die Existenzsicherung zusammenhalten mussten. Diese Funktion geht durch die Trennung von Haus und Arbeitsplatz verloren, stattdessen »erwärmt« sich das affektive Klima innerhalb der Familie: »Diese *Emotionalisierung des Familienlebens* hat vier Symptome: Häuslichkeit, romantische Partnerwahl, Gattenliebe und Elternliebe.«[173] (Hervorhebungen im Original.) Praktizierte Sexualität spielte damals als Mittel zur sozialen Bindung eine geringe Rolle, denn eheliche Sexualität galt als Pflicht – vor allem der Frau, die außereheliche männliche verschwand unter dem Deckmantel von Doppelmoral.

Das änderte sich mit der neuen Entwicklungsstufe der Industrialisierung, die statt Konsumrestriktion Konsumexpansion verlangte. War sexuelle Betätigung früher das »Ziel« sozialer Kontrolle, ist sie heute das »Mittel« sozialer Kontrolle, schreibt Gunter Schmidt: Man soll sie benutzen, um seiner Umwelt weniger zur Last zu fallen.[174] Und er resümiert: »Es ist also zu einem Wegfall von Sexualverhalten gekommen – und zwar von solchen Verboten, die in der Überflussgesellschaft ohnehin keine gesellschaftliche Funktion mehr haben. Der Zwang zu verzichten, auch auf sexuelle Wünsche, geht einher mit wirtschaftlichen Mangelsituationen, in denen alle Kräfte für das Überleben oder für den Aufbau der Wirtschaft mobilisiert werden müssen, also dann, wenn viel mehr Bedürfnisse vorhanden sind, als befriedigt werden können«, und führt als Beispiel für diese zwar repressive, aber funktionale »Verzichtsmoral« nicht nur das »viktorianische« 19. Jahrhundert an, sondern auch die Nachkriegssituation in Westeuropa bis Mitte der 1960er Jahre oder die 1920er Jahre in der Sowjetunion. »Heute aber, in den spätkapitalistischen Industriegesellschaften, können Produkte im Überfluss produziert werden, viel mehr, als je verbraucht werden können«, heißt es weiter. »Selbst in der Rezession der letzten Jahre sank die Produktion nur geringfügig, wenn überhaupt; selbst bei steigender Arbeitslosigkeit werden durch Rationalisierung immer mehr Waren hergestellt. Während in den meisten Regionen dieser Welt lebensbedrohlicher Mangel herrscht, stehen wir vor unermesslichen Bergen von Waren und Produkten – allerdings ist auch hier vielen der Zugang zu diesem Überfluss verwehrt. Unter dem Druck der Warenberge werden Einschränkungen und Verzicht unerwünscht; denn: was fehlt, sind Abnehmer, Käufer, also *Waren-*›Bedürftige‹, die die vielen Waren kaufen – und wo Waren-›Bedürftigkeit‹ fehlt, warum sollte da ein Bedürfnis wie Sexualität unterdrückt, sparsam bewirtschaftet werden? Es gehört eher ausgeplündert, z. B. der Nachfrage nach Ware dienstbar gemacht.«[175]

Schmidt erinnert daran, dass Sexualreize in der Werbung zu Kaufanreizen transformiert werden, egal wofür, und zitiert den österreichischen Philosophen Günther Anders, der nicht die bedürfnisstillenden Materialien und Energien als begrenzt betrachtete, sondern darauf hinwies, dass umgekehrt die Bedürfnisse nicht ins Unendliche erweitert werden könnten. Schmidt setzt in dessen Gefolge fort: »Der Überschuss an Befriedigungsmitteln erfordert kategorisch alle Bedürfnisse, und damit auch die Sexualität, zu maximalisieren, um konsumieren zu können, was auch immer, um der Masse der Produkte Herr zu werden, um die Produkte zu vernichten, damit neue hergestellt werden können«, und enttarnt: »Aufgabe der Psychologie ist es, Wünsche zu produzieren, die Menschen für ihre Bedürfnisse und Wünsche sensibel zu machen – durch Werbung, aber auch durch Psychotherapien, durch Encounter und Selbsterfahrungsgruppen mit dem Lernziel: ›Ich stehe zu meinen Bedürfnissen‹ – als Losung für verwöhnte Mittelschichtkinder, die kaum jemals etwas entbehrten, und als sei dies die ultimative Kulturleistung. Dabei geht es nicht – zumindest nicht nur – um die Befreiung von verbauten, blockierten, verdrängten Bedürfnissen – das ist ja notwendig; es geht um die Optimalisierung des Menschen zum Bedürfniswesen, das kongruent ist mit den spätkapitalistischen sozioökonomischen Verhältnissen.«[176]

In den augenblicklichen Wirtschaftskrisen, die seit 2008 beweisen, wie recht die Warnungen des Club of Rome waren, wir wären längst an die Grenzen des Wachstums gelangt, wird in Publikationen wie auch Seminaren als Bedürfnisziel samt nachfolgendem Konsumangebot »Glück« suggeriert. Ich sehe darin

Das Konsumangebot »Glück« ist lediglich eine Umleitung von Aufmerksamkeit.

eine Umleitung von Aufmerksamkeit, weg von Erschöpfungszuständen, vor allem aber deren Verursachungen, hin zu einem Wahnbild optimierbarer Perfektion von Befindlichkeiten. Doping: Zaubermittel nicht nur für Sportler als Droge auf der materiellen Ebene des Körpers und Mentaltraining auf der seelisch-geistigen, sondern auch für Otto Normalverbraucher und Lieschen Müller im Glückstraining am Wochenende im Seminarhotel ... Dass dabei allein das Entfernen aus einer Kraft zehrenden Alltagssituation mit Hektik, Machtspielen und Unterlegenheitserfahrungen, dagegen Zuwendungsenergie von anderen Gruppenteilnehmer/innen bzw. Gruppenleitenden – sexuelle Aufladung inbegriffen – und das Königsgefühl des Kunden euphorisieren, nehmen die wenigsten wahr (obwohl dies durchaus redlich, d. h. aussprechbar wäre).

KONSUMGIER

Gunter Schmidt schrieb seine Gedanken über die Zusammenhänge von Wirtschaft und Sexualität 1986. Bereits 1955 warnte der deutsch-amerikanische Soziologe und Psychoanalytiker Erich Fromm, dass jeder Akt eines Konsums ein konkreter humaner Akt sein sollte, »an dem unsere Sinne, unsere körperlichen Bedürfnisse, unser ästhetischer Geschmack beteiligt sind – das heißt, wobei *wir* konkrete, empfindende, fühlende und selbständig urteilende Menschen sind«, doch sei davon in unserer Kultur nur wenig übrig geblieben: »Wenn wir etwas konsumieren, so bedeutet das im wesentlichen die Befriedigung von künstlich stimulierten Phantasievorstellungen, die unserem konkreten wirklichen Selbst entfremdet sind«, und: »Unsere Art des Konsums führt zwangsläufig dazu, dass wir niemals befriedigt sind, da es ja nicht unsere reale, konkrete Person ist, die etwas Reales und Konkretes konsumiert. So entsteht in uns ein ständig wachsendes Bedürfnis nach immer mehr Dingen, nach immer mehr Konsum.«[177] Der Mensch von heute sei sogar geradezu fasziniert von der Möglichkeit, noch mehr, noch bessere und vor allem neuartige Dinge zu kaufen, resümiert Fromm, denn der Mensch sei konsumsüchtig geworden.

»Hinter jeder Sucht ist eine Sehnsucht« nannte der Frankfurter Psychologe Werner Gross sein erstes Buch über die als ganz normal verteidigten Alltagsdrogen, und Michael Musalek, der Primararzt der Rehabilitationsklinik für Alkoholkranke in Kalksburg bei Wien, sagt es noch deutlicher: Hinter jeder Sucht liegt eine depressive Störung oder Erkrankung verborgen. Ähnliches konstatiert der französische Soziologe Alain Ehrenberg in seiner historischen Untersuchung über die Konstruktion des Krankheitsbildes »Depression« im Zusammenhang mit der Entwicklung immer schneller symptombeseitigender Chemikalien: »Hinter den Kulissen beginnt die Emanzipation der Psychopathologie, entstehen in Frankreich neue Kontroversen: Sie behaupten, es gäbe ein neues Phänomen massiver Identitätsprobleme. Die depressive Leere und die Füllung dieser Leere durch Suchtverhalten bestimmen ihr klinisches Bild. Sind Depressionen und Sucht die Kehrseite der Lust, man selbst zu sein, zu der die neuen Normen ermuntern?«, und er stellt weiter fest: »Um Apathie und Stimulierung bilden sich zwei große Krankheitsbereiche.«[178] Es liegt zur Hälfte auch an der Ausrichtung der Aufmerksamkeit, was man wahrnimmt – nicht alles »springt« einem ins Auge. Durch vermehrte epidemiologische Untersuchungen in den USA wird registriert, schreibt Ehren-

Hinter jeder Sucht liegt eine depressive Störung oder Erkrankung verborgen.

berg: »Auch die Heranwachsenden und die jungen Erwachsenen, die bis dato relativ immun waren, seien Depressionen nun vermehrt ausgesetzt. Es werden Korrelationen zu Alkoholismus und Drogenmissbrauch, der Steigerung der Selbstmordrate (vor allem unter jungen Weißen) und der Tötungsrate (vor allem bei jungen Schwarzen) festgestellt. Nun haben aber die nach 1945 Geborenen nicht nur die beste körperliche Gesundheit in der neueren Geschichte, sondern wuchsen auch in einer Zeit auf, die in einem neuartigen Wohlstand lebte. Verstädterung, räumliche Mobilität und das Aufbrechen emotionaler Bindungen, das mit ihnen einhergeht, das Anwachsen der sozialen Anomie, die Veränderung in den Familienstrukturen, das Zerbrechen der traditionellen Geschlechterrollen usw., erhöhten die Depressionsraten der Gesellschaft.«[179] Ich finde es allerdings recht oberflächlich, um nicht zu sagen manipulativ, derart parallel auftauchende Erscheinungsformen als Ursache und Wirkung miteinander zu verknüpfen, ohne noch weitere Faktoren mit zu bedenken; wenn daher Ehrenberg eine Seite weiter beiläufig erwähnt, das Thema Depression hätte auf dem Umweg über Angst, Schlaflosigkeit und Überarbeitung den Weg in Publikumszeitschriften gefunden[180], so wird diese Faktizität meiner Ansicht nach unterbewertet: Ich konnte immer wieder beobachten, wie bestimmte Zeitungsartikel oder auch Fernsehsendungen viele verunsicherte Klient/innen in Beratungsstelle und Praxis lockten, weil sie wissen wollten, ob sie »krank« oder »noch normal« wären. Bei manchen war deutlich wahrnehmbar, dass sie gerne als behandlungsbedürftig diagnostiziert worden wären – dann wäre ihnen ja ein Hauch von Aufmerksamkeit oder, anders formuliert, von der »Droge Arzt«, zugestanden.

Mit dem Aufbrechen emotionaler Bindungen und der Flexibilitätspropaganda wird der suchende Mensch nicht mehr als bedauernswerter Reisender in der beruflichen oder privaten Landschaft gesehen, der sein Ziel noch nicht erreicht hat, sondern er und zunehmend auch sie wird als vielfach interessierte/r Wählende/r mit dem berechtigten Wunsch nach Abwechslung und neuem, besseren Genuss definiert – sexuelle Promiskuität und Grenzüberschreitungen inbegriffen.

Werner Gross sieht die von Suchtverhalten betroffenen Personen als beziehungsarme oder beziehungslose Menschen, die aus dem seelischen Gleichgewicht geraten sind[181] und die Abhilfe von außen suchen, was ebenso einen Beweis für die Konsumhaltung darstellt: »Die Probleme löste man nicht mehr selbst, man ging zum Fachmann oder lenkte sich einfach ab. Man konnte das Glück ja kaufen – warum sollte man sich darum bemühen?«[182]

Ich bezeichne diesen Mechanismus wie bereits erwähnt als »Kühlschranksyndrom«: So wie viele Menschen, wenn sie spüren, dass ihnen »etwas fehlt«, ohne zu wissen, was das sein könnte, zum Kühlschrank pilgern, ob dort dieses Etwas zu entdecken wäre, treibt es viele zu analogen vermuteten Quellen, sei es nun ein Wirtshaus, ein Bordell oder »nur« das Internet mit seinen Pornoseiten.

So wie es nicht Hunger nach materieller Nahrung ist, der einen im Kühlschrank stöbern lässt, und auch nicht Appetit, sondern eher die Suche nach einem »Geschmack«, findet sich im Bereich der Sexualität die Suche nach »Thrills«, nach Aufregung und Abwechslung. »Die Psychologie hat den ›Thrill-Seeker‹, den starken Reizsucher identifiziert, einen Menschentyp, der die Stimulation durch Aufregung und Spannung ebenso braucht wie sein ›normal‹ erscheinender Antagonist die Ruhe und Beschaulichkeit«, berichtet Heiko Ernst von einem der vielen Typen von Arbeitssüchtigen.[183] Es liegt nahe, solch eine verständnisvolle Erklärung auch für Sexsüchtige zu konstruieren;

dann lautet der Mythos, jemand wäre eben triebstark und sexuell hoch potent – eine wunderbare Ausrede für Seitensprünge oder andere Formen der Flucht vor der Selbsterkenntnis und ein Selbstbetrug, denn man wähnt, über quantitative Steigerung Befriedigung – das Gefühl der Fülle – erzielen zu können. Tatsächlich fehlt aber Qualität: Zeit, Vertiefung und Liebe.

Tatsächlich ist der gegenwärtige Durchschnittsmensch nicht nur dem Produkt seiner Arbeit entfremdet, was bedeutet: Er kreiert sein Werkstück nicht mehr, zieht es nicht auf wie ein Kind und erfreut sich an seinem Wachstum und Gelingen. Dieses Erleben von Ganzheit und Fülle – samt zugehörigen Störungen und Fehlschlägen – ist heute fast nur mehr das Privileg von Künstlern und naturnahen Berufen.

Auch im Beziehungsleben kann ähnliche Entfremdung festgestellt werden: Potenzielle Partner sehen ihre Begegnung nicht mehr als Kreation, pflegen ihre Beziehung auch nicht wie ein kostbares Pflänzchen und achten daher auf Förderung und Stärkung, sondern immer mehr Menschen betrachten die andere Person als eine Art Automat zur Selbstbedienung, aus dem die Ware Sex bezogen wird. Wenn der Automat streikt oder leer ist, egal, aus welchen Gründen, wird höchstens noch einmal kurz daran gerüttelt, dann aber flugs zu einem Neumodell gewechselt.

Der »Adrenalin-Junkie« erwartet den schnellen Energieschub und benützt dafür das Verhaltensrepertoire, das er oder sie sich aus den audiovisuellen Medien abgeschaut hat. Orientierte man(n) sich früher an Tieren, liefern heute Pornofilme die Vor-Bilder. Das Niveau ist das gleiche: Stammhirn statt Großhirn, schnelle und wortlose körperliche Aktion statt Gefühlsausdruck mit Hilfe der Stimme und zelebriertem Riechen, Schmecken und Spüren.

Wenn man den geliebten Menschen »einatmet«, nimmt man ihn oder sie in sich auf. Dann ist man nicht mehr im Zustand der Entfremdung von der eigenen Reaktion wie auch der der anderen Person, sondern man »verinnerlicht« einander, wird »ein Fleisch«, und: man kann gar nicht anders als treu zu sein (vorausgesetzt, man verletzt einander nicht so massiv, dass die Notwendigkeit zur leib-seelisch-geistigen Selbsterhaltung die Verbundenheit »tötet«, also »der Tod scheidet«).

Unter dem Primat eines Zeitgeists, der das Prinzip der Obsoleszenz auch auf Intimbeziehungen ausweitet – man denke nur an den quasi als Warnung vor Verbürgerlichung stereotyp gepredigten Slogan der 1968er Studentenrevolution: »Wer zweimal mit derselben pennt, gehört schon zum Establishment« – werden Menschen, denen Treue wichtiger ist als der kurzfristige Anreiz des Neuen, oft als altmodisch verachtet.

Nachzudenken und zu erkennen, dass das schnelle Habenwollen von etwas Neuem, Unbekanntem einerseits von denjenigen beworben wird, die davon Profit erwarten, andererseits von denjenigen unterstützt wird, die die Heilmittel für allfällige Negativfolgen verkaufen, könnte Angst auslösen; deswegen wird ja auch kritisches Denken vermieden, frei nach dem Motto »Aus Schaden wird man klug«: Man gibt der Schadensvermeidung den Vorrang vor der Klugheit, und das merkt man leider nur zu deutlich.

Aber muss man immer erst im Nachhinein klug werden – so wie Epimetheus, der Bruder des »pro«, nämlich vorausdenkenden Prometheus, der unbedacht die Büchse der von den Göttern zur Strafe gesandten Pandora öffnete und damit alle Schlechtigkeiten in die Welt hinaus entließ, und der dieses Füllhorn des Unheils viel zu spät wieder schloss, sodass nur die Hoffnung darin gefangen blieb?

Nur weil Menschen, die nicht den Mut wagten, auch schwierige Partnerbeziehungen in Wohlwollen für die andere Person, wie verletzend diese auch agieren mag, »am Leben« zu erhalten, behaupten, nach einiger Zeit gehe eben die Kraft der sexuellen Anziehung verloren, heißt das noch lange nicht, dass es nicht gegenteilige Erfahrungen gibt!

LUSTVERLUST

»Auf den Appetit kommt es allein an, nicht auf den gedeckten Tisch«, betont der chinesisch-amerikanische Literaturprofessor Lin Yutang.[184] In meiner Systemischen Sexualtherapieausbildung hat unsere Lehrtherapeutin mehrfach darauf hingewiesen, dass es hilfreich sei, mit Metaphern – Gleichnissen – von Hunger und vom Essen zu arbeiten, um die Mechanismen der sexuellen Machtspiele einfach und verständlich zu verdeutlichen.

Die Diagnose »Appetenzverlust« oder »Mangelndes Lustsyndrom« tauchte zunehmend in den späten 1980er Jahren auf: Da kamen Einzelpersonen oder auch Paare in Beratung oder Therapie und meinten, bei ihnen stimme etwas nicht, sie hätten keine Lust mehr aufeinander. Eine Kollegin in der sogenannten 1. Wiener Sexualberatungsstelle[185] erzielte damals eine ungeplante »Spontanheilung« einer solchen Paarbeziehung einfach durch die Frage: »Wie kommen Sie darauf, dass Sie immer Lust haben sollten?« In der nächsten Sitzung berichtete das nunmehr von der »Pflicht« befreite Paar glücklich, sie hätten jetzt »Lust in Hülle und Fülle«.

Etwas Ähnliches erlebte ich in der Therapie mit einem Mann, Vertreter von Beruf, der sich in jeder tschechischen Stadt eine Freundin angelacht hatte, bei der er auf seinen Reisen übernachten und somit Kosten sparen konnte – allerdings unter der unausgesprochenen Aufforderung, leidenschaftlichen Sex zu bieten. Sein »Meister Iste« streikte. Erst als er sich durchrang, den Frauen ehrlich zu gestehen, dass er sich freue, liebevoll aufgenommen und auch kulinarisch und sozial versorgt zu werden, aber eigentlich nicht als Liebhaber komme, sondern als

Freund, zeigte ihm seine Körperreaktion, ob er auch angstfreies sexuelles Interesse an der jeweiligen Freundin hatte oder eben nicht. (Ich betone »angstfrei« deshalb, weil psychische Anspannung – ich bezeichne dies als »Premierenangst« – häufig den nötigen Blutandrang blockiert, dieser Erwartungsdruck jedoch nicht mit mangelndem Begehren gleichgesetzt werden sollte.)

Auffallend im Sinne von Gunter Schmidt, Erich Fromm oder auch Ivan Illich ist, dass gleichzeitig mit dem Auftauchen des Themas Lustverlust in den Medien zwei andere Themen breiten Raum eroberten: einerseits Aufforderung zu unternehmungslustiger Alterssexualität, andererseits Potenzpillen für den Mann, sprich Viagra, Cialis und Co. Man(n), vor allem aber auch frau soll bis ins hohe Alter sexuell aktiv sein. Wer diesem medial propagierten Aktivitätsvorbild aus welchen Gründen auch immer nicht entspricht, soll die chemischen Zaubermittel konsumieren, damit die neu aufgestellte gesellschaftliche Norm erfüllt wird. Der Zusammenhang erscheint mir unübersehbar: Ein Tisch wird gleichsam gedeckt, damit die Vorübergehenden Appetit auf die Speisen bekommen – egal, wie wohlgefüllt, überlastet oder beleidigt ihr Magen bereits ist, und wenn man nicht schlucken will, wird man als Spaßverderber/in diskriminiert.

Wenn man sich den Magen verdorben hat, ist Fasten angesagt, und essen sollte man nur dann, wenn man Hunger verspürt, und nicht, weil jemand auf der Einhaltung von Essenszeiten besteht oder seine Nahrungsproduktion nach dem Motto »Der Appetit kommt beim Essen« unbedingt sofort anbringen will.

Lustverlust hat im Wesentlichen zwei Ursachen:
~ Verlust an Vitalität, das kann die Folge einer depressiven Störung oder Erkrankung sein oder von Mangelernährung oder auch »nur« von blanker Erschöpfung.

Ich erinnere mich an einen Klienten in der bereits erwähnten Sexualberatungsstelle, der vermutete, seine Frau wolle sich deswegen von ihm trennen, weil er seine sexuelle Potenz verloren hätte. Tatsächlich arbeitete der Mann im Bemühen, sein kleines Unternehmen vor dem Konkurs zu retten, tagsüber in seinem Geschäft, war dann Billetteur in einem Theaterbetrieb und fuhr anschließend noch einige Stunden Taxi. Dass er energielos war, war aber nur ein Teil seiner Notlage. Der weitere war, dass er keinerlei Interesse mehr an etwas anderem hatte als an seiner Firmenrettung und dementsprechend sauer auf alle Versuche seiner Frau wie seiner Kinder reagierte, ihm Pausen und Abschalten und damit ein Minimum von Partnerbeziehung schmackhaft zu machen, und zuletzt seine daraus folgende Persönlichkeitsveränderung. Diese war es auch, die ihm Einsicht unmöglich machte: Er wollte nur ein schnelles Rezept, um seiner Frau beweisen zu können, dass er sehr wohl kraftvoll wäre und sie mit ihren Sorgen um seine Gesundheit unrecht hätte.

~ Oder es findet ein – offener oder verdeckter – Machtkampf statt, der Energie bindet, sodass sie nicht mehr für andere Interessen zur Verfügung steht. Das vorherige Beispiel zeigt, wie leicht liebevolle Sorge als Unverständnis oder Tyrannei umgedeutet werden kann.

Es tut weh, wenn jemand, der seine Partnerperson aufheitern will, vorgeworfen bekommt, er oder sie mache nervende Anspielungen und solle einen doch endlich in Ruhe lassen. Es braucht viel Liebe, sich dann nicht von der Aggression des stacheligen Gegenüber[186] anstecken zu lassen, sondern sich selbst zu versichern, dass man sich korrekt verhält und die andere Person auf diese Weise dem leib-seelischen Zusammenbruch entkommen will, der bei Entspannung vermutet wird.

Die Angst davor, was geschehen könnte, wenn man aus dem Hamsterrad aller Anforderungen abspringt, besagt im Klartext, dass man erahnt, dass man dann eine lange Pause zur Regeneration benötigen würde, um wieder das alte Tempo aufbauen zu können. Mir sagte einmal ein potenzieller Klient im Erstgespräch, zu dem er von seinem Hausarzt vermittelt worden war, er wolle nicht in Psychotherapie gehen, weil er dann womöglich darauf kommen könne, dass er sein ganzes Leben umstellen müsse, und das mache ihm große Angst. Ich pflege in solchen Augenblicken immer zu fragen: Zu wem wollen Sie halten? Zu sich und Ihrer Gesundheit oder zu all denen, die keine Änderung bzw. zumindest die Aufrechterhaltung des Anscheins von unerschütterlicher Verlässlichkeit wollen?

Sexualität kann unterschiedlich interpretiert werden: biologisch als Geschlechtlichkeit an sich oder sozial als eine bestimmte Seinsform und Verhaltensweise. Die meisten Menschen stellen sich nie die Frage, was für ein Mensch mit welchem Verhalten, daher auch welcher Ethik, sie sein wollen. Sie kennen nur »richtig« oder »falsch« und orientieren sich nach dem Mainstream, weil sie eben »dazu gehören« wollen. Das ist Moral – die von außen auferlegten »alten« traditionellen oder »neuen« progressiven Werte –, und die entfremdet vom innersten Kern des Selbst. Ethik hingegen stellt die eigenverantwortete und als Balance zwischen Begierde und Vernunft er-

Begierde wurzelt in der
Phantasie von Befriedigung,
Entspannung und auch Ablenkung
von der quälenden Leere.

arbeitete Positionierung innerhalb der Bandbreite der Möglichkeiten in der gegenwärtigen Multioptionsgesellschaft dar. Sie ist eigenständige Gewissensentscheidung und daher mehr als Moral.

Begierde wurzelt in der Phantasie von Befriedigung, Entspannung und auch Ablenkung von der quälenden Leere des Energiemangels. Vernunft hingegen wagt die Seelentiefe auszuloten und damit zwischen körperlichem, seelischem und erträumtem Zustand zu unterscheiden und dadurch zu der Erkenntnis des echten Bedürfnisses zu gelangen.

Das echte Bedürfnis heißt, sich in seiner Ganzheit – mit den guten wie den schlechten Seiten – angenommen fühlen. Damit werden seelisches Wachstum und Reife erst möglich: Wenn man erkennt, auf welcher Entwicklungsstufe man gerade steht. »Angenommen« ist nicht gleichbedeutend mit »sich geliebt fühlen«. Vielen Menschen kann das Feuer oder die stete Glut der Liebe zu heiß sein; sie sorgen dann meist auch für Abkühlung – leider nicht immer mit wohlgesetzten Worten und verletzen so die Selbstbestimmung der anderen. Aber immer mehr Menschen erkalten seelisch und suchen Entflammung – auch wenn dies nur über Schamesröte gelingt wie bei der Suche nach verbotener, weil krimineller Pornografie (mit Kindern, Tieren oder Folterungen) im Internet. Sie wissen nicht und wollen auch nicht wissen, dass sie auf diese Weise das Loch in ihrer Seele mit Giftmüll stopfen.

7. Auf der Suche nach dem verlorenen Humor

Nur wenn der Geist des Spiels erhalten bleibt,
entgeht die Kunst der Gefahr der Industrialisierung.
LIN YUTANG [187]

Unsere Gefühle und damit auch Bewertungen machen wir selbst: Wir verspüren eine Emotion – eine innerliche Bewegung – und geben ihr sogleich und unbedacht den Namen, den wir seinerzeit in Kindheit und Jugend noch unkritisch von unseren Bezugspersonen übernommen haben. So wird aus der neu erlebten inneren Veränderung ein »Gefühl«: Man identifiziert nach dem augenblicklichen Wortschatz – aber gleichzeitig bewertet man auch mit angenehm oder unangenehm, erfolgversprechend oder negativ folgenträchtig.

Wenn man jedoch innehält und überlegt, mit welchem Wort man die aufsteigende Erregungsqualität eigenständig bezeichnen will, beginnt die Freiheit, aus vielen möglichen Gefühlsvariationen diejenigen zu wählen, die einen nicht zum Opfer seiner »humores« – ich übersetze diesen Begriff aus der Elementenlehre des Empedokles (um 490 – um 430 v. Chr.) nicht als »Säfte«, sondern als Neurotransmitterausschüttungen – verdammt, sondern Gestaltungsmacht im Sinne des Prinzips Salutogenese, wie ich es definiere[188], verleiht. »Die Tatsache, dass unsere seelisch-körperlichen Aktivitäten durch die periodische Ausschüttung von Botenmolekülen gesteuert werden, bedeutet allerdings nicht, dass wir von unseren Hormonen kontrolliert werden«, mahnt gleicherweise Ernest Rossi, denn: »Wir wissen, dass unsere Gedanken, Einstellungen und Gefühle die Freisetzung und den Fluss dieser Botenmoleküle ebenso beeinflussen können, wie sie ihrerseits unser Denken, Fühlen und Verhalten beeinflussen.«[189]

DER INNERE SAFTLADEN

Die sogenannte Vier-Säfte-Lehre wurde von den Hippokratikern als Krankheitskonzept entwickelt und von Galen, einem antiken griechischen Arzt, der im 2. Jahrhundert vor Christi Geburt gelebt hat, vervollkommnet. »In der ganzen mittelalterlichen Medizin wurden, zum Teil zurückgehend auf Galen und auf den Islam, verschiedene Typen von Seelen verschiedenen Körperregionen und -systemen zugeordnet«, erinnert James Hillman.[190] Der Ursprung dieser auch Humoralpathologie genannten Sichtweise auf Analogien zu den vier Elementen oder zu bestimmten Tieren wird in Ägypten vermutet. So schreibt Hillman: »Schon in den ägyptischen Ritualen wurde eine Verbindung hergestellt zwischen bestimmten Organen und bestimmten göttlichen Bildern. Bei der Mumifizierung wurden die

Lungen in ein affenförmiges Gefäß getan, den Behälter für die Gedärme schmückte ein Falkenkopf, den für den Magen ein Schakalkopf, und auf jenem für die Leber war ein Menschenkopf zu sehen.«[191] Als Lebensträger wurden im alten Ägypten gelbe und schwarze Galle, Blut und Schleim vermutet und in Analogie nicht nur zu den Elementen – Feuer, Erde, Luft und Wasser – gesetzt, sondern ebenso zu den Himmelsrichtungen – Süden, Norden, Osten und Westen –, zu Jahreszeiten – Sommer, Herbst, Frühling und Winter –, zu Farben – gelb, schwarz, rot und weiß – und in der Folge auch zu den nach diesen »Säften« benannten Charaktertypen: Choleriker, Melancholiker, Sanguiniker, Phlegmatiker. Heute finden wir die Ausläufer dieses antik-mittelalterlichen Denkens noch in der Astrologie, und diese verbindet der Arzt und Fachbuchautor Rüdiger Dahlke mit Hilfe des »Senkrechten Weltbilds« zu der von ihm so bezeichneten »Archetypischen Medizin«, während die Präventivpsychologin Anneliese Fuchs diese Kategorisierung als Hilfe, einander besser zu verstehen, interpretiert.

Nach den modernen psychiatrischen Namensgebungen könnte man den zornentflammten, gewaltbereiten, »feurigen« Choleriker (gelbe Galle) unter vielen Borderline-Patienten finden und den kraftlos traurigen »erdschweren« Melancholiker (schwarze Galle) den depressiven Krankheitsbildern zuordnen; der phantasievolle Höhenflieger Sanguiniker (Blut) liefe dann Gefahr, dass ihm oder ihr manischer Verlust der Realitätssicht unterstellt wird, während der Phlegmatiker (Schleim) als »stil-

Solche Bewertungen wahrzunehmen ist der erste Schritt zur Salutogenese.

les Wasser« sich manchmal dem Vorwurf der Fühllosigkeit, des autistischen Rückzugs, eventuell sogar der Asozialität ausgesetzt sehen wird. Solche Bewertungen sind nicht geeignet, die Stimmung zu heben; deren Wahrnehmung und Veränderung ist aber der erste Schritt zur Salutogenese – zur Hebung des verschütt gegangenen Kraftpotenzials.

STIMMUNG UND EINSTIMMUNG

Gegensatzpaare bieten eine »duale« Ergänzungsmöglichkeit; wird diese konflikthaft gestaltet, spricht man von Polarität. Viele Menschen meinen, rein durch Balance-Übungen wie etwa Achterschleifen-Drehen oder -Schwingen aus der leib-seelischen Schieflage zu kommen. Das grenzt an Selbstüberschätzung, weil solche Rezepturen nur kurzfristig autosuggestiv zu Gleichgewichtsgefühlen verhelfen, nicht aber die Ursachen beseitigen. Dennoch steigt die Nachfrage nach solchen Rezepten; sie dienen primär den Ratgeberseiten und -sendungen in Print- und audiovisuellen Medien, aber auch Seminaranbietern, die auf den Fitness- und Wellness- und Mindness-Trend aufspringen und ihre Verhaltensanleitungen verkaufen wollen, die aber, wenn sie reife Persönlichkeiten sind und nicht nur Imitationen von solchen, mit ihrer Energie tatsächlich langfristig »nähren« können.

Dass einmalige Autosuggestion nur kurzfristig gelingt, solange sie nicht durch eine Gegensuggestion neutralisiert wird, wissen alle, die schnell wieder in den alten Trott verfallen sind. Denn auch wenn jedes Verhalten – und damit auch dieses, die eigenen »humores« zu erkennen und auszudrücken – eingeübt werden muss, gibt es Einflüsse außerhalb der eigenen potenziellen Wirkmächtigkeit, und es gibt Abwehr.

So bezieht sich James Hillman auf den nach Amerika ausgewanderten österreichischen Tiefenpsychoanalytiker Alfred

Adler (1870–1937), den »Erfinder« des Minderwertigkeitskomplexes, wenn er schreibt: »Die Seele sitzt dort, wo wir schwach sind, am Ort des geringsten Widerstandes. Genau dort, am Ort des geringsten Widerstandes, sammelt sich allerdings der Widerstand, erwächst eine erhöhte Verteidigungsbereitschaft. Wo wir am empfindsamsten sind, sind wir am starrköpfigsten, wo wir am exponiertesten sind, unternehmen wir die größten Anstrengungen zur Tarnung.«[192] Und er führt aus: »Unsere Minderwertigkeit schlägt sich in unserem Denkstil nieder. Minderwertigkeitsgefühle veranlassen uns zur Konstruktion von Denkgebäuden, die uns vor dem Überhandnehmen dieser Gefühle schützen sollen. Diese Gedankenkonstrukte wirken als Leitfiktionen, als die Phantasien, die unsere Wahrnehmung der Welt bestimmen. Die elementarste dieser neurotischen Schutzvorrichtungen, auf die vielleicht alle anderen zurückgeführt werden können, ist die von Adler als ›… antithetische …‹, nach dem Prinzip des Gegensatzes arbeitende Apperzeptionsweise‹ bezeichnete: Unser Denken errichtet polare Gegensätze – stark/schwach, oben/unten, männlich/weiblich –, an denen sich unser Erleben orientiert. Wir ermöglichen uns so eine scharfe Auftrennung der Welt und schaffen damit Möglichkeiten zur Machtausübung, zu kraftvollem Tun und gewaltsamem Eingreifen, was uns davor bewahrt, uns unfähig und ohnmächtig zu fühlen.«[193] Zu diesen Abwehrstrategien gehört auch die Du-Anklage gegen eine Person, »die Gesellschaft« oder »die Umstände«. Damit bleibt die Spaltung aufrecht und man selbst

Es gibt Einflüsse außerhalb der eigenen potenziellen Wirkmächtigkeit, und es gibt Abwehr.

passiv; weil man sich nicht machtvoll fühlt, spürt, weiß oder auch phantasiert, wird nicht nach innovativen Möglichkeiten des Umgangs mit den Widrigkeiten des Lebens gesucht. Dabei wäre dies bereits die nötige Herz- und Hirnöffnung, damit man wieder in den Zustand der Kraft gelangen kann.

Als ich ein junges Mädchen war, erzählte mir eine nur fünfzehn Jahre ältere Frau, die ich zur Wahltante erkoren hatte, wie sie sich bei der Geburt ihres ersten Kindes voll Genuss in jede Wehe, egal wie schmerzhaft sie war, direkt »hineingestürzt« hätte, voll der Freude, dass sie jetzt etwas zur Welt bringen könnte. Diese Sichtweise war für mich vollkommen neu – vor allem gegenüber dem damals üblichen, nach bewunderndem Mitleid heischenden Gejammer von Plagen und Pein. Dass ich heute noch daran denke, zeigt, wie sehr mich diese Form von Akzeptanz der Naturmacht beeindruckt hat.

Wenn man die Dualität oder Polarität zur Quadrinität erweitert, wie sie C. G. Jung offenkundig gemacht hat, verändert sich die »Schusslinie« mit ihren beiden Endpunkten zu einem viergeteilten Kreis mit einem Mittelpunkt. Das ist Ganzheit – und nicht nur Bereinigung einer Schräglage.

Ebenso kann man mit den »Vier Temperamenten« verfahren: Man kann sie in Harmonie bringen, indem man darauf achtet, wie konkret man sie verkörpert. Statt sich »nur« cholerisch zu ärgern oder gar von Hass bestimmen zu lassen, kann man auch ein Quäntchen melancholische Trauer über die auslösenden Gegebenheiten streuen, dazu eine Portion phlegmatischer Bereitschaft, abzuwarten und sich bis zu einem besseren Zeitpunkt des Reagierens in Geduld zu üben dazumischen und alles mit heiterer Selbstpersiflage umrahmen. Man muss nur aufhören, die eigenen Ziele – vor allem Bekräftigung der eigenen Wichtigkeit – erkämpfen zu wollen.

Man kann sich auch über die eigenen Schwächen amüsieren

– und sie und sich in dieser Ganzheit, zu der eben auch die Schattenseiten gehören, liebevoll annehmen.

Meine Mutter hatte in der Küche ein fettschwadenverdunkeltes Bild mit einem Spruch von Rabindranath Tagore hängen:
»Ich schlief und träumte,
Das Leben wäre Freude.
Ich erwachte und sah:
Das Leben war Pflicht.
Ich handelte und siehe:
Die Pflicht ward Freude.«
Sie kochte nicht gerne. Ich auch nicht …

Dass Lin Yutang Naturgenuss für eine Kunst hält, die auch von Stimmung und Persönlichkeit abhänge, wurde bereits erwähnt. Er betont, dass ein musischer Mensch dieses sein Temperament auf Schritt und Tritt verrät, und bringt dafür etliche Beispiele, wie das Leben mit Zwei- oder Drei-Zeilen-Gedichten bereichert werden kann.[194] Oder mit »Dramoletten«. So nenne ich eine Technik, zu der ich von einer Übung bei Barbara Sher angeregt wurde: Sie schreibt, man solle in die Rolle des Kritikers schlüpfen und aus dessen Position heraus dessen Sichtweise und Motive beschreiben.[195] Als ich dies aus aktuellem Anlass ausprobierte, konnte ich der Versuchung nicht widerstehen, meine Position im Dialog dazuzustellen – und die Muse küsste mich und ich schrieb und schrieb, geriet in den Flow, mein Herz ging auf und es entstand ein humorvoller Sketch, in dem mein Alter Ego immer witziger auf die rigiden Abwehrsätze meines Kontrahenten parierte – lieber Johann Nepomuk Nestroy schau herunter!

Seit dieser Erfahrung empfehle ich nicht mehr, wie in Beraterkreisen üblich, sich Frust in Briefform von der Seele zu schreiben und dann dem Papierkorb zu überantworten, sondern das dialogische Prinzip in dieser Dramolettform anzuwenden, und zwar nicht nur auf ernsthafte, sondern auch auf heitere Weise.

WEISHEIT LÄCHELNDEN LEBENS

»Jedesmal, wenn wir lachen, drücken wir die dialektische oder paradoxe Wahrheit unseres Daseins aus«, weiß der Philosoph und Theologe Matthew Fox. »Das Lachen und die darin zum Ausdruck kommende dialektische und paradoxe Wahrheit sind so fundamental, dass es keinen besseren Test für geistige Gesundheit gibt als den Humor. Es ist bezeichnend, dass konkurrenzorientierte oder zwanghafte Seelen wenig Zeit und Raum haben, viel zu lachen. Wo der Humor in die Ghettos des Wettbewerbs und des Zwangs eindringt, ist es immer ein Lachen auf Kosten anderer, ein sadistischer Slapstickhumor – kein Lachen über sich selbst oder mit anderen.«[196]

In gleicher Weise warnt Ernest Rossi, dass während des ultradianen Stresssyndroms (vgl. oben, S. 41f.) Menschen ihre normalen kognitiven und verbalen Fähigkeiten, ihre Geduld und auch die Fähigkeit, andere emotional zu unterstützen, verlieren. Im besten Fall geben sie Rückzugssignale: Sie verstecken sich dann hinter einer Zeitung oder vor dem Fernseher – ich ergänze: oder dem Computer mit oder ohne Pornoprogramm –, verschwinden in ihren Zimmern oder im Hobbyraum.[197]

Viele Eltern pubertierender Jugendlicher sorgen sich, ihr Nachwuchs könnte überhaupt im Chatroom verschollen gehen. Diese Sorge teile ich nicht: Die Jungen tauchen spätestens dann aus den Weiten des world wide web auf, wenn sie sich verliebt

Frust und Ärger loszulassen
ist eine Kunst.

haben. Aber wie sollen sie jemanden kennenlernen, wenn sie dauernd am Computer hängen, lautet dann die nächste Frage. Wenn sie sich an einem Flash Mob beteiligen – einer über SMS organisierten Gruppenaktivität mit – hoffentlich, aber das ist er ja erfahrungsgemäß auch – humorigem oder auf andere Weise salutogenem Inhalt.

Frust und Ärger loszulassen ist eine Kunst. Jugendliche entwickeln dazu ihre eigene Kultur, fernab der Erwachsenen. Das Wenigste davon stellt sich derart dar, dass man Angst oder Sorge haben müsste – nur genau dieses negative Wenigste wird in den Medien publiziert, denn »only bad news are good news«; diese Selektion von Nachrichten bietet aber auch Anlass und Gelegenheit, zu überprüfen, was Horrormeldungen auslösen.

Angst – das Wort stammt vom lateinischen *angustiae*, Enge – führt tatsächlich zu Verengungen: nicht nur der Blutgefäße, was man daran sieht, dass jemand »weiß vor Schreck wird«, weil »alles Blut aus dem Gesicht weicht«, sondern auch der Körperhaltung, die zeigt, dass die Schultern nach vorn zusammengenommen und der Rücken gekrümmt wird, um Brust und Bauch, die Weichteile, zu schützen. Diese Körper- wie Geisteshaltung kann chronisch werden. Wenn man das weiß, kann man bewusst gegensteuern, denn allein die Veränderung der Körperposition ändert auch den Gedankenzug. Körper, Seele und Geist sind ja eine Einheit – man merkt es nur nicht immer gleich. Genau deswegen ist die Überprüfung der körperlichen Haltung, die man alltäglich im Beruf einnimmt, so wichtig!

Eine melancholische oder phlegmatische Haltung unterscheidet sich wesentlich von einer sanguinischen oder cholerischen. Man braucht nicht viel nachzudenken, welche davon die salutogenste ist!

Der amerikanische Soziologieprofessor Erving Goffman schrieb ein ganzes Buch darüber, dass wir alle immer Theater spielen[198], und eine systemtherapeutische Intervention rät sogar »Fake it until you make it!« – flott übersetzt: »Tu einfach als ob, bis es dir zur Gewohnheit geworden ist!« (Übrigens: Auch in der Sexualtherapie wird oft empfohlen, Orgasmen zu spielen, um Hemmungen, sich zu bewegen oder Laute von sich zu geben, zu überwinden.)

Weshalb also einen schwarz- oder gelbgalligen oder auch schleimigen Menschen spielen, wenn man sich auch blutvoll anlegen kann?

BACK TO THE ROOTS

»Bewusst oder unbewusst sind wir alle Schauspieler in diesem Leben und spielen den Zuschauern eine Rolle und einen Stil vor, der ihnen zusagt«, schmunzelt Lin Yutang, und erinnert: »Diese Possenreißergabe ist zusammen mit der ja eigentlich dazugehörenden Gabe des Nachäffens der hervorstechendste Zug aus unserem Affenerbe«, und dann schreibt der Weisheitslehrer: »Zweifellos lassen sich aus solcher Mimenkunst allerlei Vorteile herleiten, worunter der offenbarste der Beifall der Zuschauer ist.«[199]

Ich möchte das Wort Beifall durch Energiezuwendung ersetzen: Schon kleinste Kinder lernen, das Verhalten zu wiederholen, das angenehme Reaktionen hervorruft – und wenn schon nicht angenehme, so wenigstens irgendwelche.

Darin liegt auch eine Gefahr: Die Definition von Erschöpfungszuständen als Störung oder Krankheit ruft Vorstellungen von Heilungsbedürftigkeit hervor – nicht aber Vorstellungen von Änderung der Arbeits- oder Zusammenlebensbedingungen. Alain Ehrenberg vermutet dabei, »dass es heute nicht mehr so sehr darum geht, geheilt zu werden, als vielmehr darum, mehr oder weniger ständig betreut und verändert zu werden, und zwar sowohl durch die Pharmazie als auch durch die The-

rapie und die Gesellschaftspolitik.«²⁰⁰ Ich ergänze: und durch
Kosmetik und neuerdings auch Chirurgie.

»Kein Zweifel: die Kunst ist schuld daran, dass der moderne
Mensch so geschlechtsbewusst lebt«, schreibt Lin Yutang. »Erst
kam die Kunst, und dann kam die kaufmännische Verwertung
des weiblichen Körpers bis hinab zum schwellenden Waden-
muskel und zum gefärbten Zehennagel. Nie habe ich so wie in
Amerika den weiblichen Körper Stück für Stück bis aufs letzte
kaufmännisch ausgewertet gesehen, und ich kann nur schwer
verstehen, dass sich die Amerikanerinnen so widerspruchslos
auf diese Ausbeutung ihres Körpers eingelassen haben …«, und
er klagt: »Die Künstler sprechen von reiner Schönheit, die Thea-
terbesucher sprechen von Kunst, nur die Direktoren und Regis-
seure sprechen von Sex-Appeal, und die Männerwelt im allgemeinen hat ihr Vergnügen bei der Sache.«²⁰¹ Für mich bietet
diese Passage genau die Herausforderung, zu wählen, mit welchem »Humor« man sich in Bezug zu der beschriebenen Erfahrung setzen will: cholerisch-ärgerlich über die Ausbeutung des
weiblichen Körpers, melancholisch-resigniert über die Schlech-
tigkeit der männlichen »Genießer«, phlegmatisch-gleichgültig
über die mangelnde Selbstabgrenzung der möglicherweise un-
freiwilligen Selbstvermarkterinnen oder sanguinisch-heiter über
ein Phänomen, das man nicht durch emotionalen Energieein-
satz verstärken und damit unterstützen mag.

Ich unterscheide dabei zwischen der spontanen emotionalen energetischen Reaktion und der bedachten Entscheidung,
wie konkret man weitere Handlungen setzen will. Da man seit

Es gibt immer
mehrere Alternativen.

der Entdeckung der Spiegelnervenzellen weiß, dass zwischen dem Feuern der Wahrnehmungsneuronen und dem Feuern der Handlungsneuronen eine minimale Zeitlücke liegt[202], die man durch Autosuggestion verlängern kann, fällt es auch Menschen ohne lange Meditationserfahrung leichter, sich bewusst zu entscheiden, mit welchem Gefühl – »Humor« – sie reagieren wollen. Oder, in der Sprache der psychotherapeutischen Schule der Transaktionsanalyse, aus welchem Ich-Zustand heraus – aus dem braven, schlimmen, listigen, kreativen etc. Kindheits-Ich, aus dem beschwichtigenden, strafenden, verführerischen, ignoranten etc. Eltern-Ich oder aus dem sachlich-korrekten Erwachsenen-Ich[203].

Es gibt immer mehrere Alternativen. Salutogenese – Gesundheitsförderung – basiert auf Suche, Experiment, Auswahl und Verantwortung. Auch wenn die Änderung auslösender Lebensbedingungen schwer oder gar nicht möglich ist – was immer möglich ist, ist die Steuerung des eigenen Energiehaushalts (wozu auch gehört, sich gelegentliche Unachtsamkeiten und Fehler zu verzeihen).

SCHÖPFUNGSKRAFT

»Die Vorstellung, dass Kreativität eine Spiritualität oder Lebensweise für alle Menschen sein könnte, ist in der Epoche, in der die westliche Mystik von der Jakobsleiter[204] beherrscht wurde, ein wohlgehütetes Geheimnis geblieben«, verrät Matthew Fox, wenn er das elitäre Kunstverständnis kritisiert und die »Himmelserhebung« einiger weniger Künstler durch ihre Manager, die deren Werke mit möglichst viel Profit verkaufen wollen. »Die Vorstellung, dass Kreativität ein Besitz und ein Vorrecht aller Menschen sein könnte und nicht nur einer kleinen Elite, hat in letzter Zeit nicht gerade Konjunktur. Ich glaube, dass Gewalt und Destruktivität einer Jakobsleiter-Mystik und einer ihr entsprechenden kulturellen Struktur nirgend deutlicher wurde als in der Kreativität und in den Künsten«, und er zitiert den britischen Bildhauer und Grafiker Eric Gill (1882–1940) mit dem Satz: »Nicht jeder Künstler ist eine besondere Art Mensch, aber jeder Mensch ist eine besondere Art Künstler.«[205]

Kunst zeigt sich nicht nur in den Marktsparten der Hochkultur. Kunst beginnt bereits bei der Gestaltung des Alltäglichen. Wer morgens weder sein Frühstück noch ein anderes Ritual zum Tagesbeginn bewusst gestaltet, verzichtet darauf, sich – oder auch anderen – etwas Gutes zu tun und einen Geist der Liebe zum Leben zu entwickeln.

Wenn ich an die letzten Jahre, in denen ich Mitglied im wissenschaftlichen Fachbeirat des Fonds Gesundes Österreich[206] war, denke, der zur Aufgabe hat, Gesundheitsförderung in der Schule, in den Betrieben und in den Gemeinden zu verbreiten, fällt mir auf, dass viele Projekte zur gesünderen Ernährung gefördert wurden – mehr Obst, mehr Gemüse, mehr Vollwertprodukte, weniger zucker- und fettreiche Industrienahrung –, nicht aber die Zeiten der Nahrungsaufnahme oder die Möglichkeiten, sich den Teller künstlerisch aufzubereiten, unter die Lupe genommen wurde. In einer halben Stunde Mittagspause kann man in einer Betriebskantine – Wegzeiten mitgerechnet – sich nur schnell das Tablett vollschlichten lassen; eine meditativ zelebrierte eigenständige Auswahl ist da eigentlich nur möglich, wenn keine Zeitkontrolle ausgeübt wird.

Auch was die Gestaltung des Arbeitsplatzes betrifft, werden vielfach Kreativität und Selbstbestimmung unterbunden. So

Kunst beginnt bereits bei der Gestaltung des Alltäglichen.

erzählte mir einmal eine Betriebsärztin während eines Seminars zur Salutogenese, in dem ich erklärte, wie man sich optische Lichtblicke zur Energiegewinnung schaffen könne, dass es in ihrem Unternehmen streng verboten sei, Fotos seiner Liebsten auf dem Schreibtisch zu platzieren, weil »das störe das Corporate Design«, private Pflanzen oder »liebe Dinge«, sprich Kitsch ebenso. So wird aber der Mitarbeiterschaft nicht nur eine wichtige Form der Regeneration unmöglich gemacht, sondern zusätzlich ihre Selbstbestimmung als Teil von Menschenwürde und ihr Bedürfnis nach Respekt zerstört.

Feuer und Luft, Wasser und Erde – die vier Grundelemente sind auch in uns verkörpert und bedeuten: Die innere Flamme braucht Atemluft, aber auch Wasser zum allfälligen Löschen und ebenso Erde – die bildet aber auch das Fundament oder die Grenze. In der Schöpfungsgeschichte der Bibel erschafft Gott die Welt, indem er trennt, das bedeutet: abgrenzt. Und er trennt mit der Willensenergie, die dem Wort – dem Logos – inne wohnt.

Wir alle können unser inneres Sein erschaffen, indem wir erkennen, dass wir mehrere Möglichkeiten von Verwirklichungen vor uns liegen haben und entscheiden – das heißt Spreu von Weizen trennen – können, für welche davon wir uns entscheiden wollen (nicht sollen – das wäre wieder Befolgung einer fremdbestimmten Moral und nicht eigenbestimmte Ethik).

SICH SELBST SCHÖPFEN

Die Frage lautet also: Welche Art von Mensch wollen wir sein? Ein erschöpfter, der sich verausgabt hat, oder ein sich ständig selbst regenerierender, der den »Humor« wählt, der seinem, ihrem Ziel und Augenblick angemessen ist?

Alain Finkielkraut beschreibt, wie ein Jahrhundert nach Blaise Pascal die Philosophen der Aufklärung voll Freude den

Verstand gegen das Bauchgefühl eintauschten. Er schreibt: »Es sind die Tränen des Körpers, die den Scharfblick des Geistes unverhofft bestätigen und sie unter der Bezeichnung *Gefühl der Menschlichkeit* feiern: ›Diese edle und erhabene Begeisterung‹, schreibt Diderot in der *Enzyklopädie*, ›quält sich mit den Schmerzen der Anderen und dem Bedürfnis, sie zu lindern; sie möchte das Universum durcheilen, um die Sklaverei, den Aberglauben, das Laster und das Unglück abzuschaffen.‹« Ich verstehe dies als intellektuelle Rechtfertigung der emotionalen Wahrnehmungen (und damit die Balance zwischen der laut C. G. Jung im Westen »überwertigen« kognitiven Denkfunktion und »minderwertigen« Fühlfunktion). Finkielkraut deckt dieses Mitgefühl auf: »Die Vorstellung von der menschlichen Verwandtschaft gibt sich zukünftig in der Form unbegrenzten Beileids zu erkennen, einer empfindsamen Anteilnahme an allen Übeln also, welche die Menschen heimsuchen. Der demokratische Mensch, der nun in Erscheinung tritt, ist nicht nur aufgeklärt, sondern auch empfindsam. Seine Fähigkeit zur Sympathie nimmt in dem Maße zu, wie sein Respekt vor der Hierarchie abnimmt. Je weniger er sich blenden lässt, umso mehr wird er gerührt. Je geringer seine Nachgiebigkeit, um so mehr ist er zu beeindrucken. Je geringer seine Unterwürfigkeit, um so größer seine Barmherzigkeit.« Und: »Gerade weil er so unverschämt lacht, vergießt dieser schalkhafte Figaro, dem jede Form von Götzendienst widerstrebt, seine Tränen so verschwenderisch.«[207]

Wir haben immer die Wahl vieler Möglichkeiten auf einer Bandbreite zwischen zwei Extremen; wir leben nicht nur in einer dualen oder polaren Welt, wir leben in einer der unbegrenzten Möglichkeiten. Die äußeren stehen uns nicht immer, ja sogar selten zur Verfügung. Im Inneren hingegen verfügen wir über unbegrenzten Reichtum – wir müssen nur die Zeitlücke zwischen dem Feuern der Wahrnehmungs- und der Bewegungsnervenzellen zu dehnen lernen (vgl. oben, S. 158). Mit welchem Gefühl, mit welchem Verhalten wir agieren oder reagieren wollen, können wir selbst entscheiden, wenn wir uns die Zeit nehmen, nachzufühlen und nachzudenken. So schöpfen wir aus uns selbst und erschaffen uns selbst. Es ist nur die Angst vor der verinnerlichten strafenden Elterninstanz als übermächtiger Autorität in uns, die uns blockiert. Genau diese kann man mit dem Humor des Schelms überwinden. So warnt ja auch Matthew Fox: »Kreativität wird dämonisch, wenn sie den Götzen am oberen Ende der Leiter dient.«[208] Das bezeichne ich als Fluch des Hofnarren: Er muss kreativ sein, um dem launischen und gefährlichen Herren zu dienen – er darf nicht spielen wie ein Kind, und daher auch nicht »unschuldig«, d.h. ohne böse Gedanken, agieren wie ein Kind.

Zum Mitgefühl gehört also zuallererst, sich selbst auch in den eigenen Gefühlen, den angenehmen wie den unangenehmen, zu bestätigen, und dazu muss man sie erst wahrnehmen. »Tu dir nur nicht selber leid!« und »Komm dir nur nicht gut vor!« lauten übliche Befehle in der Kindheit, und sie besitzen Fluch-Wirkung. Die Münchner »magische Feministin« und Künstlerin Luisa Francia hat ein listig-lustiges Buch betitelt »Spielend scheitern«. Darin beginnt sie ihr Vorwort mit: »Es soll immer noch Frauen geben, die hartnäckig an dem Glauben festhalten, sie seien etwas Besonderes, ja, Genies vielleicht! Sie denken, dass sie die Mauer durchbrechen könnten, die um

Zum Mitgefühl gehört zuallererst, sich selbst in den eigenen Gefühlen zu bestätigen.

männliche Machtpositionen errichtet wurde, um diese vor dem Zugriff einiger wild gewordener Frauen zu schützen ...«[209], um später provokant zu folgern: »Du wirst ohnehin von allen Seiten zu hören bekommen, dass es besser wäre, du kämst zur Ruhe. Denn du bist bald soweit, dass man dich einliefern muss ...«, und sie setzt paradox fort: »Du könntest auch zur Anpassungs-Therapie gehen. Nach einem Kopfschuss ist das die zweitbeste Möglichkeit: Lass dich an die gesellschaftlichen Bedingungen adaptieren. Wähle eine Therapieform, die geeignet ist, dir den Widerwillen an der Gesellschaft zu nehmen, deine Grenzen klar zu machen, deine Kindheit zu erleuchten und schließlich mit allem Frieden zu schließen. Wenn du Familie hast, geh am besten morgens zur Therapie, da stört's weder die Schulkinder noch den arbeitenden Mann, wenn du danach ein bisschen heulst und das Gefühl hast, dass du ganz schön in der Scheiße sitzt. Nach dem Mittagessen setzt die Verdauungsmüdigkeit ein, und danach sieht alles schon anders aus ...«[210] Genau diese sarkastische Beschreibung passt heute auch auf all die Working People, die spüren, dass sie ihre schöpferischen Energien nicht ausleben dürfen oder dass sie ihnen abgezogen, vielleicht sogar echt gestohlen werden. Wer protestiert, wird schlimmstenfalls als – Diagnose Paranoia querulans – reif für die Psychiatrie, bestenfalls »nur« der Nachsicht bedürftig, weil burn-out erklärt.

»Weil du mich | so wie ich bin | nicht aushältst | soll ich es aushalten | nicht so zu sein | wie ich bin?«, lautet ein Gedicht der weitgehend unbekannten Wiener Lyrikerin Traude Zehentner.[211] Es trifft nicht nur auf private Beziehungen zu, sondern auch auf die in der Arbeitswelt.

»Kreativität ist ein Verb, kein Substantiv«, stellt Matthew Fox als Feststellung in den Raum und erklärt: »Sie ist eine sich stets in Bewegung befindende Kraft, eine Leidenschaft, die Bewegung und Emotion hervorruft. Sie ist ebenso politisch wie zutiefst persönlich.«[212]

Wenn Autoritäten – die Eltern, die Lehrkräfte, die Befehlshaber, die Bosse, die Gesellschaft und all diejenigen, denen wir Macht über unser Denken und Fühlen geben – uns zur Anpassung an deren Wünsche und Forderungen bringen wollen, und wir spüren, dass sich unser Körper verspannt, sich irgendwelche Haare aufstellen oder es uns den Magen umdreht (»magerlt«), bedeutet diese Reaktion, dass wir uns verengen und damit unseren Energiefluss abwürgen; wir verhindern, dass sich unser Körper weiter kampfbereit macht. Wird dieser Zustand chronisch, gleiten wir in Melancholie oder Phlegmatismus: Wir sind dann resigniert oder es ist uns alles egal geworden.

Um aus dieser körperlichen wie auch seelisch-geistigen Verengung in den Zustand der Entspannung und sogar der Weite zu gelangen, hilft körperlich Durchatmen, Aufrichten und Lächeln. Seelisch-geistig hilft Lachen.

»Humor gibt es dort, wo die Menschen ihr Haupt aufrecht tragen, was immer auch geschehen mag«, weiß auch der Journalist Alexander von Schönburg. »Ein fairer Gewinner zu sein ist nicht so schwer, gute Verlierer aber, die mit Gelassenheit, aufrechter Haltung und im Idealfall sogar mit einer Prise Humor ihren Untergang hinnehmen, sind selten.«[213] Ich ergänze: und mit Würde!

Haltung – Körper- wie Geisteshaltung – ist Folge unserer Stimmung, und diese kann wieder »eingestimmt« werden. Wenn darin das Wort »Stimme« enthalten ist, deutet das auf die Macht unseres Atems hin, der, durch unseren Stimmapparat gepresst und moduliert, nicht nur unsere Befindlichkeit ausdrückt, sondern in Rückkoppelung auch verstärkt oder vermindert. Wir sind gleichsam unser eigenes Musikinstrument und unsere Zuhörerschaft zugleich.

In seinem Buch »Der lachende Christus« schreibt der Theologe, Philosoph und mit kirchlichem Funktionsverbot belegte römisch-katholische Priester Adolf Holl über die kirchenlehramtliche »unglaubliche Vertauschung gottseliger Wunschlosigkeit mit dienstknechtlicher Mühsal«: »Eine gewisse Musikalität ist dem Erlöser jedenfalls nicht abzusprechen. Hin und wieder gelangen seine Inspirationen, wie im Fall der amerikanischen Negersklaven, als stark rhythmisierte Lautwerdung an seine Gemeinde, die dann zu singen und zu tanzen beginnt, begleitet von Trommeln und Blasinstrumenten. Hallelujah!«[214] Auch im Lachen wird Lösung, Erlösung laut, denn man öffnet sich dabei – und dann kann Kreativität entstehen und Energie fließen.

Haltung ist Folge
unserer Stimmung, und diese kann
wieder »eingestimmt« werden.

8. Auf der Suche nach Heilung

Der Rabbi von Kotzk soll einer Gruppe sehr gelehrter Männer
folgende Frage gestellt haben: »Wo wohnt Gott?«
Sie lachten über diese Frage und sagten: »Was für eine Frage!
Steht nicht geschrieben: Die ganze Welt ist voll von seiner Herrlichkeit?«
Doch hatte der Rabbi eine andere Antwort. Er antwortete sich selbst:
»Gott wohnt, wo der Mensch ihn einlässt.«
M. Fox[215]

Wer juristisch, d. h. in Gegensatzpaaren – legal oder illegal, richtig oder falsch, Sieger oder Verlierer – denkt, spielt sich als Richter auf, setzt sich gleichsam in eine erhöhte Position und nimmt
für sich das Recht in Anspruch, zu verdammen oder zu erlösen.
Diese Vorgangsweise hat Tradition.

Sie entspricht der konventionellen Ethik oder Moral, bei der
eine übergeordnete Autorität – ein Priesterrat, eine gesetzge-
bende Körperschaft, ein geistlicher oder weltlicher Primas, fest-
legt, was rechtens sein soll. Meist entspricht das den Vorteilen,

die seine Herkunftsgruppe sich wie auch immer angeeignet hat und nicht verlieren will.

In der gesellschaftlichen Entwicklung des Ethikverständnisses folgt auf die konventionelle die sogenannte postkonventionale Ethik, in der nicht mehr den von außen festgelegten Richtlinien unbedingter Gehorsam geleistet wird, sondern dem eigenen Gewissen. Dazu ist es notwendig, mehr als eine oder zwei Lösungsmöglichkeiten andenken zu können, und dies erfordert zusätzlich weitgehende Angstfreiheit.

»Wer Angst hat, nimmt weniger präzise wahr, und das auch noch selektiv«, erklärt Barbara Knab in ihrer »Gebrauchsanweisung für das Gedächtnis«.[216] Eingeschworene Dualisten werden Angst mit Aggression kompensieren: Anstatt sich furchtsam zurückzunehmen, den Atem anzuhalten und Bewegung zu minimalisieren, werden sie losstürmen, sich aufblähen und ihren Kraftkörper präsentieren – in der Hoffnung, dass die anderen flüchten.

Wer mediatorisch denken gelernt hat, sieht – egal, um welche Problematiken es sich handelt – mehr als nur zwei Lösungsmöglichkeiten. Kraftverlust wird nicht durch Aktivierung letzter – aggressiver oder sexueller – Kraftreserven ins Gleichgewicht gebracht. Und auch nicht durch die sogenannte Work-Life-Balance. Die war der Bücher-Hit 2003; außerdem lässt sie sich wieder wunderbar in Zeitmanagement-Seminaren und Erfolgs-Trainings vermarkten.

ENERGIEVERLUST AUSGLEICHEN

Wolfgang Mazal, Professor für Arbeits- und Sozialrecht an der Universität Wien, kritisiert diese Wortschöpfung, weil er keinen Gegensatz zwischen Arbeit und Leben sieht: Man lebe ja immer.

Unter dem Schlagwort Work-Life-Balance verbergen sich wohlmeinende Anleitungen für ein Leben in mehr Harmonie,

Gesundheit sowie geistiger und körperlicher Fitness. Man soll dadurch die vier Lebensbereiche Beruf, Beziehungen, Gesundheit und Sinn selbstbestimmend gestalten lernen.[217] Das erreiche man durch konsequente Einhaltung seines Lebenskonzepts, in dem für ausreichend Zeit zum Entspannen, Nachdenken und Auftanken gesorgt und durch regelmäßige Inventur nachgeprüft werde, ob der Lebensplan noch entwicklungsphasen- bzw. altersgemäß sei oder eine Anpassung erforderlich werde.

Hannelore Fritz teilt beispielsweise den Lebenslauf in fünf Phasen – von der Geburt bis Ende der Ausbildung, von da an bis Ende der Zwanziger, von dreißig bis Mitte vierzig, danach bis Ende fünfzig und zuletzt von sechzig aufwärts, und stellt die Frage, welche inneren Werte jeweils dominieren.[218] Dass es Menschen gibt, deren Leben – freiwillig oder unter Zwang – in ganz anderen Phasen verläuft, blendet sie aus. Krisengeschüttelte Normalverbraucher, männlich wie weiblich, scheinen nicht ihre Zielgruppe zu sein. Ebenso orientiert sich Tanja Rolus in ihrem sehr alltagsorientierten Ratgeber offensichtlich an weiblicher Leserschaft (auch wenn die Illustrationen vielfach Männer aufweisen – die stammen aber auch von einem Mann!), wie die vielen Appelle zum Umgang mit einem wenig unterstützungswilligen Partner zeigen,[219] auch wenn sie beispielsweise nicht bedenkt, dass ihre Tipps zur Energiestärkung durch Rohkost für die zunehmende Zahl von Nahrungsmittelallergikern womöglich blanken Hohn darstellen.

Die Ernährung ist bekannterweise ein wichtiger Faktor für jeweils Energieauf- oder -abbau. Doch bevor man seine Energie mit guten Ratschlägen für Kraftfutter vergeudet, sollte man sicher sein, dass sie bei potenziellen Empfängern der Botschaft ein offenes Ohr und vor allem ein offenes Herz vorfinden! Wer nämlich depressiv verstimmt (oder im Vollbild ernsthaft krank) ist, wird nicht aufnahmebereit sein. Ganz im Gegenteil wird er oder sie entweder keinen Bissen hinunterbringen oder sich mit Süßem vollstopfen oder vollrinnen lassen. Erst muss der Leidensdruck so groß sein, dass man selbst die Aktivität ergreift – und dann muss man auch mit Rückfällen rechnen, sobald sich erste Besserungen einstellen. Deswegen sind ja Selbsthilfegruppen so effizient: weil man sich dort meist nicht von Autoritäten kontrolliert und kritisiert fühlt, sondern unter Gleichen zugehörig – und damit die Energie der Gruppe spüren kann und nicht die Dominanz der Besserwisser, die eher Schuldgefühle verursachen und damit wieder einen Auslöser für weitere Seelen- und Körpervergiftung.

Auch wenn es heilende Wirkung haben kann, wenn eine Autorität auf Überlegenheit verzichtet und ihr Wissen und Können wirklich teilt, ist Heilung immer ein Prozess, in dem man unabhängig von Expertenklugheit seine eigene Ganzheit findet und bewusst erlebt.

Diese »vertikale Solidarität«, d. h. das Bewusstsein der Zusammengehörigkeit und Verantwortung, das in vertikalen Bezügen denkt[220], ist ein Beweis einer Kultur des Teilens, in der es vor allem darum geht, auf eigene Vorteile bewusst zu verzichten, wenn sie das Entwicklungspotenzial anderer vermindern könnten. Aus überlegener Position heraus jemanden zu belehren und damit das eigene Wissen in den Vordergrund zu stellen, ist nicht wirklich hilfreich, denn solch eine Inszenierung zielt auf Gewinn von Bewunderungs- oder Gehorsamsenergie. Im Sinne der Transaktionsanalyse wird damit der Empfänger der Bot-

Heilung ist immer ein Prozess,
in dem man seine eigene Ganzheit
findet und bewusst erlebt.

schaft ins sogenannte Kindheit-Ich gelockt, wo er oder sie folgsam und dankbar zu sein hat, während die Besserwisser aus der Position des – strafenden oder liebevollen – Eltern-Ichs heraus, also von oben herab, dominieren.[221]

Ganz anders liegen die Verhältnisse, wenn jemand auf gleicher Augenhöhe voll Begeisterung von den eigenen Lernerfahrungen berichtet! Wer sich an den genialen Opernführer Marcel Prawy erinnert, weiß, wie ansteckend solch eine Inspiration – da liegt das Wort Spirit, Geist, drinnen! – wirkt. Da können sich andere, die seine Fernsehsendung kopieren und damit aber nur sich selbst in Szene setzen wollen, nur demütig bescheiden.

Während Tanja Rolus meinte, Work-Life-Balance diene dazu, das »innere Kraftzentrum« zu entdecken und zu nutzen[222], besteht nach der Definition von Cobaugh und Schwerdtfeger Work-Life-Kompetenz darin, Ganzheit dadurch herzustellen, dass man darauf achtet, sechs wesentliche Lebensbereiche nicht allein über den Beruf abzudecken. Beide haben Recht: denn das »innere Kraftzentrum« liegt auch in den sechs – nach meiner Definition sieben – Sektoren der, wie ich sie bezeichne, Selbstverwirklichung verborgen.

Diese sechs Sektoren sind
~ Arbeit (und, aber nicht nur Beruf),
~ soziale Kontakte,
~ emotionale Bindungen,
~ intellektuelle Entwicklung,
~ körperliche Gesundheit und
~ Spiritualität.[223]
Ich selbst ordne noch einen siebenten Sektor dazu:
~ Kunst und Kultur.
Wie die beiden anderen Autorinnen spickt auch dieses Autorinnenduo ihr Buch mit vielen Tests und Anleitungen; das mag für Menschen, die Anleitung durch Autoritäten suchen, hilf-

reich sein. Ich halte davon deswegen nicht so viel, weil dabei Energie auf die Lehrperson zufließt. Es sollte aber doch eigentlich umgekehrt sein – oder?

ENTSCHLEUNIGUNG

Wenn man sich nun Zeit nimmt und die sechs bzw. sieben Lebensbereiche als mögliche Energiequellen untersucht, wird auffallen, dass viele Menschen ihr Lebenskonzept für umfassend halten, wenn sie im Beruf ausreichend soziale Kontakte erfahren und vielleicht zu ihren Arbeitskollegen emotionale Bindungen erleben. Betriebsinterne Fortbildungen oder spätabendliche Fachlektüre gelten dann als Bausteine intellektueller Entwicklung, und Projekte der Betrieblichen Gesundheitsförderung, gesundes Kantinenessen und gemeinsame Sportaktivitäten, Treppe statt Aufzug und Fahrrad oder Füße allein für die Arbeitswege mitgemeint, stehen für Pflege der körperlichen Gesundheit, vom Betriebsrat organisierte Theater- und Konzertbesuche für Kunst und Kultur. Nur mit der Spiritualität hapert es, die ist zum neuen Tabuthema (neben Fragen nach dem Einkommen) mutiert, seitdem Sexualität enttabuisiert und kommerzialisiert wurde.

Work-Life-Balance besteht in dem Versuch, diese sechs bzw. sieben Bereiche komplex statt linear, also wie in einem Tortendiagramm, in ein flexibles Gleichgewicht zu bringen – so wie man auch auf einem Floß den ausgleichenden Belastungspunkt finden muss, damit nichts abrutschen und »den Bach runter gehen« kann.

Wir sind traditionell gewohnt, in Dualitäten zu denken (wie der oben geäußerte Gedanke von zwei Richtungen, wie Energie zu- oder abfließen kann, soeben wieder aufzeigte). Wenn unsere Gegenwart beispielsweise als Spaßgesellschaft bezeichnet wird, wohnt diesem Wort verborgen ein Gegensatz von einer faden oder belastenden Pflichtgesellschaft und damit eine Bewertung von hier angenehm, dort unangenehm inne. Wer Späßen nichts abgewinnen mag, gilt dann als Spaßverderber/in. Die französische Psychoanalytikerin Corinne Maier unkt, die »Arbeit in einem Großbetrieb dient einzig und allein dazu, das Individuum zu fesseln, das doch noch anfangen könnte zu denken, ja womöglich die bestehende Ordnung anzufechten, wenn man es sich selbst und seiner freien Urteilskraft überließe«.[224] Sie weiß auch: Individualisten, die sich dem Gruppendruck widersetzen, lösen Misstrauen aus, denn »das ist mies, nicht buckeln zu wollen; es ist mies, fluchtartig den Arbeitsplatz zu verlassen, sobald man sein Arbeitspensum erfüllt hat; es ist mies, nicht mit den anderen zum Jahresende anzustoßen …« und so weiter und so fort, weil: »Wer sich so benimmt, gilt unter seinen Kollegen als Bürokaktus, denn Geselligkeit in Form von Umtrünken, eingespielten Witzeleien, Duzen und scheinheiligen Küsschen (bei all dem gilt es mitzuspielen, sonst droht der Ausschluss) ist obligatorisch. Vielleicht aber haben unsere Stachelgewächse nur genau begriffen, wo die unüberschreitbare Grenze zwischen Arbeit und Privatleben liegt.«[225] Und was Work-Life-Balance bedeutet!

Die permanente Aufforderung nach Action, Spaß, Erlebnis stimuliert zu einem immer schnelleren Lebensrhythmus. Ich sehe darin wieder einen Versuch, latenter Depressivität – dem »Loch in der Seele« – zu entkommen. Adolf Holl erinnert: »Die Zeit ist der Feind der Liebe … Die Zeit ist auch ein Feind Gottes.«[226] Er meint die Vergänglichkeit. Auch die Flucht vor dem

Man muss sich öffnen, um aufnehmen zu können.

Loch in der Seele ist eine Flucht vor dem Vergehen – nämlich zu sterben, ohne »sein Leben gelebt«, das heißt: seine Bestimmung gefunden zu haben.

Geschwindigkeit führt genau zu der Anspannung und Verengung, die Energieaufnahme behindert. Man muss sich öffnen, um aufnehmen zu können. Wenn man sich aber öffnet, können alte, unterdrückte oder verdrängte Seeleninhalte hoch. steigen; meist sind es schmerzliche, peinliche, beschämende. Dann würgt es in der Kehle, denn die Freisetzung dieser alten Kotzbrocken ist ja nicht so einfach – sie muss jahrelange Zensuren und Hemmschwellen überwinden.

Sich seelisch zu öffnen folgt dem gleichen Dehnungsmuster, das man nutzt (bzw. nutzen sollte), wenn man im Ballettunterricht Spagat trainiert. Ich nenne es daher auch den »seelischen Spagat«: Man muss in den Muskel hinein atmen, dann gelingt die Dehnung weitgehend ohne Muskelfasereinrisse und daher schmerzfrei. Auch das Herz ist ein Muskel, und wenn man in den hinein atmet, gelingt es, gegenzusteuern, wenn sich das Herz im Schock, in Angst oder Weh zusammenziehen will. Sich zusammenzunehmen führt zur Erstarrung. Es genügt, bei sich zu bleiben.

Wie bereits erwähnt, frage ich meine Klient/innen oft: »Zu wem wollen Sie halten? Zu sich oder zu den anderen?«, und versuche in der Folge einen Nachdenkprozess auszulösen, was wohl das Ärgste wäre, was eintreten könnte, wenn man sich nicht nach anderen richtet. Die Erfahrung hat mir immer wieder bewiesen, dass keine schrecklichen Phantasien vorliegen, sondern unspezifische Furchtgefühle. Ich schließe daraus, dass Angst vor Kritik oder Ausstoßung aus der Gemeinschaft von den Bezugspersonen der frühen Kindheit initiiert wurden und später als gewohnte Warnsignale bei aufkeimenden Selbstbehauptungsbedürfnissen wieder auftauchen.

Aber wie tut man das konkret: »bei sich bleiben«?, werde ich oft gefragt. Ich antworte dann (und mache es vor): mit einem tiefen Atemzug, Absinkenlassen des Atems ins Hara – in die Leibmitte des Sonnengeflechts – und der Schultern, in einer Aufrichtung der Wirbelsäule »ins rechte Lot« und der Autosuggestion gelassener Achtsamkeit auf das, was im Hier und Jetzt gerade geschieht. Daraus erwächst eine Form von Achtung im Doppelsinn des Wortes: einerseits ein Beachten und Akzeptieren dessen, was einem das Leben gerade als Herausforderung zur Weiterentwicklung anbietet, und andererseits Wertschätzung für sich selbst als jemanden, der oder die sich dieser Herausforderung gegenüber öffnet.

Ich habe mir diese Einstimmung ungeplant in einer schwierigen Lebenssituation erarbeitet. Damals – 1979 – habe ich den ersten Schritt gelernt, wie man die Wucht eines Ereignisses entschleunigt. Später folgte als zweiter Schritt zu lernen, »zu lieben, was ist«[227], und wie man das konkret bewerkstelligt.

Heute sehe ich Heilung als Überwindung von Trennendem – in uns drinnen wie auch äußerlich untereinander.

Ich baue mir dazu in Gedanken eine lineare Distanz zwischen zwei Extrempositionen und stelle mir vor, wie sich die beiden Endpunkte langsam und vorsichtig annähern, statt einander schnell und feindlich zu bekämpfen. Zu diesen beiden Endpolen gehört auch der der Vergangenheit und der der Zukunft. Die Gegenwart liegt in der Mitte, und leben tun wir immer nur jetzt.

KRAFT DER GEGENWART

Die Formulierung »Hier und Jetzt« gehört zu den klassischen Hinweisformeln in der Gestaltpsychotherapie. Sie hat den Sinn, darauf hinzuweisen, dass wir immer nur im Augenblick leben; wenn wir in die Vergangenheit eintauchen oder in die Zukunft hineinphantasieren, sind wir nicht mehr bei uns, sondern bei jemandem, der wir einmal waren oder vielleicht künftig sein werden. Es fließt also gleichsam ein Teil unserer Energie von uns weg in Erinnerungsbilder oder Zukunftsvisionen und schwächt uns im gegenwärtigen Lebensbereich – ausgenommen geistige Bilder, die in uns den Zustand des Liebens hervorrufen. Denn wenn wir lieben – unser Herz etwas oder jemand Geliebtem öffnen –, erfahren wir einen Kraftzuwachs.

Lieben bedeutet mehr als etwas oder jemanden zu mögen, gegenüber Alternativen zu bevorzugen oder gar abhängig zu sein. Lieben heißt, sich unabhängig von möglicherweise folgenden Reaktionen, vor allem aber Bewertungen sich begeistern zu lassen: den Geist, den Spirit, des geliebten Bezugspunktes in sich aufzunehmen und zu genießen.

Seit den 1990er Jahren tauchen in den Medien immer häufiger Kolumnen mit Berichten über leiblich-sinnliche Genüsse auf; dabei geht es nicht nur um Rezepte für kulinarische Köstlichkeiten, sondern auch für sexuelle »Verkostungen«. Wen wundert, dass aus der Verwandlung der Person in ein Genussobjekt nur ein paar Schritte zum Fetischismus[228] oder, wie die Kriminalberichterstattung in letzter Zeit mehrfach aufgezeigt hat, sogar zum Kannibalismus führen? Auch lohnt es sich, das eigene Gespür für Authentizität einzusetzen und zu beobachten, ob allfällige Prophet/innen der leiblichen oder seelischen Freudenerlebnisse bei ihren »Predigten« die lustvolle Erinnerung an ihre eigenen Genusserlebnisse nicht verbergen können oder nur als »Schweinchen Schlau« Buchwissen repetieren.

Wenn wir lieben, erfahren wir einen Kraftzuwachs.

»Der Genuss der Natur ist eine Kunst, bei der alles von der Stimmung und der Persönlichkeit abhängt, weswegen es auch, wie bei jeglicher Kunst, schwerfällt, eine genaue Erklärung ihrer Technik zu geben«, pointiert der chinesisch-amerikanische Literaturprofessor Lin Yutang, und gesteht, er fände die Selbstbiografien von Rudyard Kipling und G. K. Chesterton enttäuschend: »Menschen, Menschen, nichts als Menschen, und niemals ein Wort über Blumen, Vögel, Berge und Bäche!«[229] Das erinnert mich an meinen Vater, der meine Mutter und mich ungern aus der Wohnung ließ, denn: »Was braucht ihr in den Wald spazieren zu gehen? Lest Adalbert Stifter, den ›Hochwald‹ – der hat das so schön beschrieben, das braucht man sich gar nicht mehr ansehen!« Und der Bruder eines befreundeten kroatischen Komponisten, der meinem Ehemann und mir eine Burg in seiner Heimat zeigen wollte, lehnte die Beteiligung am geplanten Ausflug mit den Worten ab: »So schön, wie ich es mir vorstelle, kann es in Wirklichkeit gar nicht sein!« Er war von Beruf Grafiker, daher sicherlich visuell besonders phantasiebegabt. Er dachte aber nur an sein optisches Erleben – nicht an das soziale, nämlich den Genuss, andere auf Details von Schönheit hinzuweisen und sich von deren Begeisterung anstecken zu lassen. Tatsächlich sind manche Menschen so voll von Energie – göttlicher Inspiration etwa, oder der sexuellen Energie ihrer Liebespartner/innen, was so ziemlich das Gleiche ist –, dass sie keinen weiteren Kraftzuwachs aufnehmen mögen.

GANZHEITLICHES DENKEN

In der sogenannten Ersten Welt, nämlich in den hochindustrialisierten Ländern, herrscht noch immer das sogenannte cartesianische Denken vor. Diese Bezeichnung folgt dem Gedankengut des französischen Philosophen René Descartes (1596–1650), der strikt zwischen res cogitans (»Denkendes«, d.h. Bewusstsein inklusive Wahrnehmung, Fühlen und Wollen) und res extensa (räumlich »Ausgedehntes«, also Materielles) trennte und hierarchisierte. Daraus abgeleitet erklärt sich die traditionelle Trennung zwischen Körper, Seele und Geist, nicht nur in der westlichen »naturwissenschaftlichen« Medizin, sondern auch in den sogenannten Geisteswissenschaften. Demgegenüber hat sich erst in den beiden letzten Jahrzehnten das »psychosomatische« Diagnostizieren durchgesetzt, bei dem die Auswirkungen seelischer Befindlichkeiten auf den Körper zur Kenntnis genommen werden, auch wenn die vereinigenden Behandlungsmethoden den meisten Fachleuten unbekannt sind. (»Somatopsychische« Wirkungen hingegen werden nicht kritisiert: Dass körperliche Befindlichkeiten seelische Veränderungen hervorrufen können, gehört zur Alltagserfahrung.)

»Eine sanfte Medizin widersetzt sich dem aus Konkurrenz und Machismo erwachsenen Mythos, ein Heiler würde den Körper erobern oder die Krankheit besiegen«, weiß Matthew Fox, Direktor des »Institute in Culture and Creation Spirituality« in Kalifornien. »Sie widersetzt sich dem Dualismus zwischen Geist und Körper, der impliziert, dass der Intellekt mit seinen technischen Erfindungen das Allheilmittel sei.«[230] Er sieht in den »sanften« Ärzten und Ärztinnen Künstler, die die Kunst des Heilens praktizieren; zu dieser gehöre vor allem, auf den Patienten einzugehen und ihn zu ermutigen, auf den eigenen Körper zu hören, weil sie wissen, »dass kein Mensch und keine Menschengruppe den Körper reparieren kann. Der Körper muss sich immer durch das Wachstum neuer Zellen und den Ersatz alter, sterbender und toter Zellen selbst reparieren.«[231]

Die Gefahr des Dualismus besteht aber nicht nur in der einseitigen Überbewertung des Körpers gegenüber dem Geist (im Sinne von Denkmustern), sondern ebenso umgekehrt. So bekannte die Linzer Körpertherapeutin Andrea Brentano, als sie bei mir ihre Ausbildung in Lebens- und Sozialberatung[232] ab-schloss, ihre wäre nun klar geworden, was ihr bisher gefehlt habe: neben Sichtweisen und Techniken in Hinblick auf den Körper und die Seele, die selbstverständlich auch in meinem Ausbildungsangebot breiten Raum einnahmen, wäre der intellektuelle Bereich des Verstehens wie auch Wissens über Quellen und Methoden in ihren vorher absolvierten Ausbildungs-schritten vernachlässigt worden.

Der erschöpfte Mensch »denkt« primär an die Reparatur seines Körpers – also an die Wiederherstellung der Funktions-tüchtigkeit seiner materiellen Hülle – und erwartet, dass er dann wieder zu Kräften – zu Energie – kommen wird. Er denkt selten an das Loch in der Seele, aus dem ihm Energie verloren geht, und er weiß nicht, wie er das Loch füllen könnte – außer er hat es bereits einmal erlebt und bewusst wahrgenommen. Denn wer bereits eine Verschaltung von Nervenzellen im Ge-hirn gebildet hat, benötigt nur mehr die Information, dass er oder sie diese bloß neuerlich aktivieren müsste – beispielsweise durch gezieltes Erinnern.

Um wieder ein Gespür für sich selbst zu bekommen, bedarf es eben nicht nur der Aufmerksamkeit für den Körper. Die seeli-schen Gefühlslagen und geistigen Bilder sind gleich wichtig, denn erst alle drei zusammen bilden die Körper-Seele-Geist-Einheit.

Nur: Den Körper sieht man, und man vergleicht ihn mit an-deren Körpern, setzt ihn in Schönheits- und Muskelprotzkon-kurrenzen bewertenden (und begehrlichen) Blicken aus, lässt

Um wieder ein Gespür für sich selbst zu bekommen, bedarf es nicht nur der Aufmerksamkeit für den Körper.

ihn entfetten, straffen, begradigen oder aufpolstern und vergisst, dass sich Seele und Geist im Originalzustand »verkörpern«, daher jede Korrektur vor allem aussagt, dass man sich selbst in seiner Einzigartigkeit nicht mag, sondern lieber ein Einheitsgesicht mit Einheitslippen und Einheitshaarfarbe auf einem Einheitskörper besitzen und damit auch den anscheinend kummerfreien Plastikeinheitsgeist, den nichts aus der Ruhe bringen kann, widerspiegeln möchte.

Dahinter lauert die Angst vor dem Alter, dem Verlust der sexuellen, derzeit aber mehr noch der beruflichen Attraktivität und letztlich vor dem Verschwinden, Vergessenwerden, dem sozialen oder aber auch historischen Tod. »Von einem chinesischen Dichter kommt uns die Warnung zu, die Vorstellung des Jungbrunnens sei eitel Lug und Trug«, erinnert Lin Yutang, »denn kein Mensch könne ›die Sonne an einer Schnur festbinden‹ und ihren Lauf anhalten«, und er schlägt vor: »Das Bemühen der reiferen Frau, ihren Sex-Appeal zu bewahren, ist also nichts weiter als ein erbittertes und dabei ganz sinnloses Wettrennen mit der Zeit. Nur Humor kann hier den richtigen Ausweg finden. Da der Kampf gegen das Alter und die weißen Haare ja doch aussichtlos ist, warum nicht lieber sagen, weißes Haar sei schön?«[233]

Auf der Suche nach dem Heil-Sein bietet sich für jedes Mangelgefühl ein kommerzielles Angebot an: Stärke kann man im Fitness-Studio sogar mit Hilfe von Maschinen antrainieren, zum Abbau von muskulären Verhärtungen und Hyperaktivität findet man einen Angebotsbogen von Entspannungstraining bis fernöstliche Meditation oder Massage, Gefühle kann man in Psycho-Gruppen aller Art heraus(-locken) lassen, für fehlende Phantasien gibt es Rückführungen und Traumreisen … Nur der Geist oder besser: Ungeist bleibt unangetastet. Der Kunde ist ja König und darf nicht kritisiert werden. Außerdem würden er oder sie dann womöglich wegbleiben.

Im Sinne des allgegenwärtigen dualen Denkens werden Mangel und Leere mit dem Gegenteil Konsum und Abfüllung kompensiert. Je mehr desto besser. Solange noch was »rein geht«, fühlt man sich flexibel und daher lebendig. Wenn »nichts mehr geht«, droht Erstarrung und die wird gleichgesetzt mit Tod.

Die Angst vor der Leere, dem Nichts und dem Tod überwindet man jedoch nicht mittels Aktivität, sondern indem man lernt, sie auszuhalten. In allen östlichen Meditationsformen lautet ein erstes Ziel, den papanca – den plappernden Affengeist – zum Schweigen zu bringen. Diese Gedankenstille bedarf ruhiger Konzentration, die zu einer Entleerung von Gedanken und damit auch von Hoffnungen und Sorgen führt und dadurch tiefe Entspannung bewirkt.

In unseren Breitengraden müssen manche zum Karpfenfischen ausrücken, um sich mithilfe der Stille des Wassers das Nichtdenken gönnen zu dürfen. Der heimgebrachte Fisch dient dann nur mehr der Rechtfertigung gegenüber vereinnahmenden Familienangehörigen.

Der Unterschied zwischen dem Loch in der Seele und der Weitung des Herzens zum Ertragen von Angst, Schmerz und Trauer liegt darin, dass ersteres Folge eines unfreiwillig erlittenen Mangels darstellt, zweiteres aber eine freiwillige Hingabe an die Realität. Im Vaterunser beten Christen, »Dein Wille ge-

Die Angst vor der Leere,
dem Nichts und dem Tod
überwindet man, indem man lernt,
sie auszuhalten.

schehe«, und wenn sie es ernst und innig meinen, schaffen sie damit Raum, damit Gott wirken kann. Sich hingeben bedeutet, Widerstand aufgeben, auf den eigenen Willen verzichten – und gleichzeitig aktiv und bereit zu sein, die gerechten Aufgaben zu übernehmen, die einem das Leben stellt. In der Öffnung der Hingabe kann man die Kraft (die Energie) und die Herrlichkeit (das Schöne) aufnehmen, die ja immer da sind – man sieht sie nur nicht, wenn die Augen nicht offen sind.

Viele Menschen, die sich nach dieser Seelenruhe sehnen, stoppen aber sicherheitshalber ihren gedankenfreien »Gang nach innen«. Ich höre immer wieder von Klienten (männlich!), sie hätten Angst davor, was da an nicht geahnten Dunkelseiten ihres Wesens auftauchen könnte, wenn sie ihre Selbstkontrolle aufgäben. Ich lade dann immer ein, die Schattenanteile einfach vorbeiziehen zu lassen, frei nach dem chinesischen Sprichwort, man könne nicht verhindern, dass Vögel über den Kopf hinweg fliegen – man könne aber sehr wohl verhindern, dass sie in den Haaren ein Nest bauen. Da schließe ich mich Alain Finkielkraut an, wenn er mahnt: »Es geht immer darum, dem Sein in seiner Abgesichertheit eine heilsame Erschütterung beizubringen und den Menschen zu beunruhigen, um ihn besser humanisieren zu können«[234], denn »nicht aufgrund seiner Eigenschaften, Fähigkeiten oder Vorrechte erkennt sich der Mensch im anderen, sondern anhand der Qualen, die ihn niederdrücken«.[235]

Der Soziologe Alain Ehrenberg schreibt dazu unter Hinweis auf Sigmund Freud, Neurotiker wollten edler sein, als ihnen ihre Konstitution erlaubt, während Depressive in einer Denkweise stünden, in der Minderwertigkeitsgefühle vorherrschen. Ich sehe heute dagegen viele Menschen bemüht, zwischen diesen beiden Extremen eine Mitte zu finden, in der sie ein stabilisierendes Selbstwertgefühl aufrecht erhalten können, ohne sich über ihre Begrenzungen belügen zu müssen – und diese Sisyphus-Arbeit raubt ihnen zusätzlich zur Arbeitsbelastung Energie. Ehrenberg schreibt weiter: »Die depressive Persönlichkeit verharrt im Zustand der permanenten Adoleszenz, es gelingt ihr nicht, erwachsen zu werden und die Frustrationen, die das Geschick eines jeden Lebens sind, zu akzeptieren. Daraus resultiert das ständige Gefühl der Unsicherheit oder Labilität«, und er kommt zu dem Schluss: »Daher rühren eine besondere Schwierigkeit, Leiden zu ertragen, und die fortwährende Suche nach Wohlbefinden.«[236] Diese hektische Suche gleicht einer Flucht. Sie verhindert Innehalten und Selbstbesinnung.

Da die meisten Menschen einseitig darauf trainiert sind, immer alles im Auge zu behalten, immer alle Informationen schnell zu erhaschen und zu verarbeiten, immer auf alles schnell zu reagieren, und weil im Beruf der flexible, mobile, immer in Bewegung befindliche und daher angespannte Mensch erwartet und gefordert wird (vor allem, weil er sonst Gefahr läuft, aus Unachtsamkeit Opfer von Maschinen zu schaffen oder selbst zu werden), verlernen sie das Umschalten auf gefühlsmäßiges Wahrnehmen und verpassen damit auch die Chance, Schauen und Fühlen in Einklang zu bringen. Sie sollen ja nach den Vorgaben ihrer Arbeitgeber auch gar nicht fühlen, sondern nur Robotern gleich funktionieren.

OPFER VON MASCHINEN

Opfer von Maschinen wird man heute auf jeden Fall: Das Opfer besteht in Lebensqualität, Sanftmut und Liebesfähigkeit.

Wie Ernest Rossi schon 1991 aufzeigte, verlocken künstliches Licht, Computer und unzählige Fernsehsendungen, die zirkadianen Rhythmen (vgl. oben, S. 41f.) zu ignorieren. Statt mit den Hühnern zu Bett und ebenso wieder hinaus, macht man die Nacht zum Tag und verschwendet damit nicht nur elektrische Energie aus dem Stromnetz, sondern auch das eigene bioenergetische Potenzial. Üblicherweise wird man müde, wenn es draußen dunkel wird, weil dann der Körper Melatonin ausschüttet und auf die Regenerationsphase einstimmt. Aber statt dem Diktat des Körpers zu folgen, konsumiert man(n) Energy Drinks und Pornofilme als Aufputschmittel.

So erzählte mir ein Kollege, er greife zur abendlichen Entspannung in seine Videothek und erfreue sich an seiner Sammlung unzähliger Folgen von Soap Operas. Zwei nähme er sich als Einschlafdosis vor – aber dann sage er sich: »Eine geht noch!«, und komme so in ein Suchtverhalten hinein, dass er oft erst um drei Uhr morgens vor dem Videorecorder einschlafe.

Welche Art von Geist – von »Spirit« – lasse er da als Begleiter seines Schlafes ein, beschloss ich ihn zu fragen. Hoffentlich einen heiteren und keinen kriminellen. Vor allem aber: hoffentlich einen salutogenen!

Salutogenese wird üblicherweise ausschließlich als gesunde Ernährung, Bewegung und Entspannung propagiert. Dem vermuteten Couch Potatoe, der, die Chipstüte in der Hand, vor dem Fernseher auf dem Sofa lümmelt, soll ein schlechtes Gewissen suggeriert werden, damit er von Salzgebäck und Schokoriegeln auf Obst und Salat umsteigt, seine Depressivität mit Joggen und Nordic Walken bekämpft und psychogenen Muskelverkrampfungen Tai Chi und Yoga entgegensetzt. Von Schlafmangel ist nie die Rede. Dabei sind Schlafstörungen ebenso wie Anomalien im Essverhalten typische Begleitsymptome von depressionsverdächtigem Energiemangel (was sich auch hormonell zeigt).

Wenn jemand nur ein oder zwei Stunden weniger schläft als gewöhnlich, steigert sich die Tendenz, Fehler zu machen, enorm. Übermüdete Autofahrer etwa zeigen die gleiche Fahruntüchtigkeit wie bei einem Alkoholisierungsgrad von 1,5 Promille. Darüber hinaus, schreibt Ernest Rossi, kann es zu Persönlichkeitsveränderungen und irrationalem Verhalten kommen, wenn der Mangel an Schlaf zusätzlich mit Stress verbunden ist, wie zum Beispiel bei Arbeitsgruppen, die unter Termindruck stehen. Anzeichen dafür sind Verletzlichkeit, erhöhte Suggestibilität, Konzentrations- und Gedächtnisstörungen, Flüchtigkeitsfehler, Übersehen wichtiger Details, Reizbarkeit und Ungeduld, Versprecher und Hörfehler. Daher sollte zwischen Arbeitsperioden genügend Zeit zum Schlafen genutzt werden.[237] Wenn aber neuerdings angeregt wird, man möge im Arbeitsalltag Räume und Zeiten für Power Nappings – Kurzschlafphasen von 10 bis 15 Minuten – zur Regeneration verbrauchter Arbeitskraft vorsehen, sehe ich darin nur einen getarnten Versuch zur Steigerung des Arbeitsoutputs. »Nicht die Maschine ist zum Ersatz für menschliche Energie geworden, sondern der Mensch zum Ersatz für die Maschine«, wie Erich Fromm mahnte[238], und so meint man, ihm Leerlauf verordnen zu können, statt dass man die Diskriminierungen unterbindet, mit denen jemand zu rechnen hat, wenn er oder sie sich vom Arbeitsplatz entfernt oder ganz im Gegenteil, wo das möglich ist, am Schreibtisch eine Ruhepause einlegt. (Außerdem rauchen viele Menschen nur, weil dies die einzige Pausenrechtfertigung darstellt – denn sich nur eine »Atempause« zu gestatten, löst bereits die pseudoelterliche Aggression des »Hast du nichts zu tun?« aus!)

Schlafstörungen sind ebenso wie Anomalien im Essverhalten typische Begleitsymptome von Energiemangel.

In der Antike sah man sich im Schlaf von einem Gott umfangen, begleitet und beschützt, und wer Heilschlaf suchte, wählte dazu noch den Tempelschlaf an einem ausgewählt heilsamen Ort, der mittels Opfergaben, Düften und Gesängen mit besonderer Energie aufgeladen worden war.

Heute holt man sich Drogen aus der pharmakologischen Apotheke oder Autosuggestionen aus der Hausapotheke für die Seele. Beides zählt zum Repertoire mittelalterlicher Hexenmeisterei, mit der man die echte Botschaft der Leib-Seele-Geist-Einheit »einschläfern« will: Um nur ja nicht die eigenen Grenzen zur Kenntnis nehmen und womöglich outen zu müssen, flüchtet man zu Aufputschmaßnahmen oder in den Krankenstand, statt zu überprüfen, ob die »Grenzen des Wachstums« – des menschlich möglichen Kraftzuwachses – nicht schon längst überschritten wurden und von wem dies ausgegangen ist – und sich dann zum Protest zu organisieren. Dort hinein gehört die letzte Kraft eingespeist – und nicht in die weitere Selbstausbeutung.

DAS VOLLE HEIL

»Der seelisch gesunde Mensch ist ein Mensch, der aus seiner Liebe, seiner Vernunft und seinem Glauben heraus lebt, der sein eigenes Leben und das seiner Mitmenschen achtet«, erklärt Erich Fromm und präzisiert: »… allein sein zu können, und gleichzeitig mit den geliebten Menschen, mit jedem unserer Brüder auf Erden, mit allem Lebendigen eins sein zu können; der Stimme des Gewissens zu folgen, jener Stimme, die uns zu uns selber ruft, und trotzdem nicht uns selbst zu hassen, wenn einmal die Stimme des Gewissens nicht laut genug zu hören war und wir ihr nicht gefolgt sind.«[239]

C. G. Jung sieht den Menschen in der harmonischen Ausgeglichenheit seines Potenzials im Kreuzungsmittelpunkt der Gegensatzpaare kognitiv Denken – emotional Fühlen und körperlich Empfinden – ahnungsvoll Intuieren ruhen, Alltagsschwankungen als Vibrationen der Lebendigkeit eingerechnet. In dieser Position der Mitte braucht es keinen Energieverlust durch das Verbergen einer ungeliebten Reaktion einer der vier Anteile des Selbst. War es früher die Körperlichkeit – von den Ausscheidungen bis zu den sexuellen Äußerungen –, ist heute die Intuition, das Erahnen, die Spiritualität, der tabuisierte Anteil. Jedoch: Zum vollen Heil gehört die offenbare Selbstmitteilung Gottes, gehört darum auch die Erfüllung des Menschen in dieser offenbaren Gemeinschaft, und diese Verwirklichung liegt jenseits menschlichen Könnens.[240] Intuition kann nicht gezielt »erarbeitet« werden, fällt daher aus dem Spektrum der Anforderungen einer »Leistungsgesellschaft«.

Wenn man Gott nicht als »toten« Inhalt von Büchern »weiß«, sondern als »lebendige« Erfahrung zu »wissen« erlebt hat, versteht man auch, weshalb Gott »männlich und weiblich zugleich« ist, wie sich aus der Schöpfungsgeschichte ergibt, wenn der Mensch nach seinem Ebenbild geschaffen wird – als Mann und Frau (Genesis 1,27). Gott ist Einheit der Gegensätze, und daher Liebe statt feindliche Dualität bzw. Polarität. Gott erfahren gelingt, wenn man das Konflikthafte, Trennende überwindet. Dazu muss man sich dem Anderen öffnen, muss dessen Energie aufzunehmen wagen, und dazu braucht es eben einen Geist – den Spirit – der Liebe und nicht der Ablehnung, Beseitigung. Diese »Schattenanteile« gilt es möglichst liebevoll anzunehmen und auszuhalten.

Man muss sich dem Anderen öffnen, und dazu braucht es den Geist der Liebe und nicht der Ablehnung.

187

Dieser seelische Spagat bringt auch den inneren Konflikt der Überforderung in Einklang: Man möchte so gerne anerkannt und damit sicher sein – und man weiß eigentlich ganz genau, dass man das nie sein wird, weil das außerhalb der Eigenmacht liegt –, und man empfindet Wutgefühle über diese Machtlosigkeit und merkt, wie in der Wut die Kraft verloren geht – und man weiß – noch – nicht, wie man die Situation, aber auch sich samt dem Hadern mit Schicksal und Kraftverlust ändern sollte. Matthew Fox allerdings weiß: »Lernen, in Harmonie zu leben, bedeutet, unseren Sinn für Humor zu entwickeln, wie wir auch die Wahrheit des Leids im Universum durch das Leid unseres Nächsten erfahren«, und er erinnert: »Die Grundkraft der subatomaren Welt ist die elektrische Anziehungskraft zwischen positiv geladenem Kern und negativ geladenen Elektronen des Atoms. Wir sehen daran, dass Harmonie kein ausbalanciertes Gleichgewicht bedeutet, sondern eine vibrierende polare Energie, die alle andere Energie weiterdrängt. Dialektik wird zur Grundlage aller Wirklichkeit.«[241]

Erinnern wir uns an die sechs bzw. sieben Sektoren der gleichgewichtigen Selbstverwirklichung: Der erschöpfte Mensch befindet sich in einem Supermarkt der realen, medialen und virtuellen Einladungen zu sozialen Netzwerken, Zugehörigkeiten zu Neigungs-Gruppen aller Art, Sport- wie auch Kunst- und Kulturveranstaltungen, Bildungsangeboten und sogar virtueller Arbeit im Second life. Auch der Tele-Pfarrer fehlt nicht – nur die echte Spiritualität fehlt. Die erfordert ja Hingabe und nicht »action«, und die braucht Zeit, die einem in der Multitasking- und Doping-Gesellschaft nicht zugestanden wird, nicht von den anderen und nicht von einem selbst. Dann braucht man das Burn-out als Ersatz für die selbstbewusste Entscheidung, endlich Zeit für den Spirit der Sinnesöffnung zu gewinnen.

1   K. Menninger, Das Leben als Balance, S. 390.
2   »Richter: Burn-out-Gefahr«, Salzburger Nachrichten, 12.5.2011, S. 19;
    »Jeder dritte Polizist gestresst«, Salzburger Nachrichten, 14.7.2011, S. 8;
    »Psychisch Kranke suchen Zuflucht in der Pension«, Salzburger Nach-
    richten, 14.7., S. 1; »Stress im Job im Visier der Arbeitsmediziner«,
    Salzburger Nachrichten, 15.7.2011, S. 2; »Stress macht Kinder ängst-
    lich«, Salzburger Nachrichten, 20.7.2011, S. 23, »Harte Polizisten mit
    großem Tabu«, Der Standard, 21.7.2011, S. 9; »Zuschauen ist ein Wahn-
    sinn«, Der Standard, 21.7.2011, S. 7. Das deutsche Wochenmagazin
    DER SPIEGEL widmete dem Thema gleich zwei Titelgeschichten in
    einem Jahr (»Ausgebrannt: Das überforderte Ich«, Nr. 4, 24.1.2011;
    »Neustart: Wege aus der Burnout-Falle«, Nr. 30, 25.7.2011).
3   Rainhard Fendrich in seinem Lied über die »Midlife Crisis«.
4   Zeitung »Österreich« vom 19.7.2011, S. 27: »Pippas Po doch nicht per-
    fekt«, betreffend die Wochen vorher hochgelobte Rückenansicht der
    Schwägerin von William Mountbatten-Winsor; 20.7.2011: »… und
    Katie Holmes zeigt uns ihren Dellenlook«, betreffend die Bauchpartie
    der Schauspielerin, denn »Katie Holmes lässt sich gehen« und trai-
    niert nicht sofort wieder wie die auf dem Nebenfoto abgebildete
    magere Prominentengattin – aus meiner Sicht verdeckte Werbung
    für Fitness-Studio oder Personal Trainer.
5   Salzburger Nachrichten vom 3.8.2011, S. 13.
6   »Zuschauen ist ein Wahnsinn«, Der Standard, 21.7.2011, S. 7.
7   »Stress im Job im Visier der Arbeitsmediziner«, Salzburger Nach-
    richten, 15.7.2011, S. 2.
8   I. Illich, Die Nemesis der Medizin, S. 107.
9   I. Illich, Die Nemesis der Medizin, S. 108.
10 A. Ehrenberg, Das erschöpfte Selbst, S. 130.
11 A. Ehrenberg, Das erschöpfte Selbst, S. 131.

12 A. Ehrenberg, Das erschöpfte Selbst, S. 230.

13 I. Illich, Die Nemesis der Medizin, S. 108.

14 I. Illich, Die Nemesis der Medizin, S. 109.

15 I. Illich, Die Nemesis der Medizin, S. 110 f.

16 Vgl. M. Buber, Das dialogische Prinzip.

17 Vgl. D. Bohm, Der Dialog.

18 Dazu empfehle ich gerne das hilfreiche Buch Gut leben von Andrea Zauner-Dungl und Claudia Krist-Dungl.

19 »Survival of the fittest« wird meist fehlerhaft als Überleben des körperlich Tüchtigsten übersetzt. Es bedeutet aber, dass die Person am ehesten ihr Überleben sichert, die sich am besten anpassen kann. Offen bleibt dabei aber die Frage, woran. Denn Anpassung besteht nicht nur allein in Akzeptanz und Unterwerfung – sie kann auch in der Wahl völlig neuer Verhaltensweisen bestehen.

20 René Girard, Das Heilige und die Gewalt, zitiert nach Corinne Maier, Die Entdeckung der Faulheit, S. 53.

21 Übrigens wäre das auch die Chance für gleichgeschlechtliche Elternpaare, die frei von den gesellschaftlichen Erwartungen, wie Zusammenleben »richtig« – was meist meint: hierarchisch organisiert, wie der Baseler Psychologieprofessor Udo Rauchfleisch entschlüsselte – zu sein habe, neue, partnerschaftlichere, was auch bedeutet: respektvollere Formen zu kreieren.

22 Zitiert nach I. Velikovsky, Das kollektive Vergessen, S. 63 f.

23 Vgl. T. Reik, Hören mit dem dritten Ohr.

24 J. Jacobi, Die Psychologie von C. G. Jung, S. 21.

25 J. Jacobi, Die Psychologie von C. G. Jung, S. 22.

26 L. Wittgenstein, Tractatus logico-philosophicus, S. 115.

27 Märchen der Brüder Grimm, S. 190.

28 A. Ehrenberg, Das erschöpfte Selbst, S. 69 ff.

29 Der britische Psychiater Thomas Szasz (geb. 1920) wird aufgrund seiner Kritik an den moralischen und wissenschaftlichen Grundlagen der Psychiatrie der sogenannten Antipsychiatrie zugerechnet.

30 Der amerikanische Soziologieprofessor Erving Goffman (1922–1982) gilt als Urheber der Kritik an den von ihm sogenannten »totalen Institutionen«, nämlich »geschlossenen Anstalten«, und Vorkämpfer für die Entinstitutionalisierung von Sozialeinrichtungen.

31 J. Hillman, Die Heilung erfinden, S. 25.

32 J. Hillman, Die Heilung erfinden, S. 69.

33 Von englisch »bore«, sich langweilen. Ich finde diese Übersetzung nicht ganz zutreffend, weil dabei die Ekelfärbung, der innewohnende Widerwillen nicht ausreichend zum Ausdruck kommt.

34 R. A. Perner, Die Überwindung der Ich-Sucht, S. 21.

35 I. Velikovsky, Das kollektive Vergessen, S. 137.

36 S. Kierkegaard, Die Krankheit zum Tode, S. 8.

37 E. L. Rossi, 20 Minuten Pause, S. 8.

38 E. L. Rossi, 20 Minuten Pause, S. 9.

39 Ich beziehe mich hier auf die von Alfred Korzybski in »Science and Sanity« beschriebene »Karte-Territorium-Relation«, d. i. »die Tatsache, dass eine Mitteilung, gleich welcher Art, nicht aus den Gegenständen besteht, die sie bezeichnet. Eher hat die Sprache zu den bezeichneten Gegenständen eine Beziehung, die sich mit der zwischen einer Karte und einem Territorium vergleichen lässt.« (Zitiert nach G. Bateson, Ökologie des Geistes, S. 245.)

40 Diese Formulierung finde ich sehr hilfreich im Zusammenleben beruflich wie privat: Wenn bei mir »Gewitterstimmung« vorherrscht – was oft ein Zeichen von Erschöpfung darstellt – und ich gebe bei der morgendlichen Teambesprechung diesen Wetterbericht gleich bekannt, wissen meine Mitarbeiter/innen, dass es nicht an ihnen liegt, wenn Sturmböen drohen, und können sich entsprechend wappnen.

41 R. A. Perner, Stress & Alter, S. 17.

42 J. Hillman, Die Heilung erfinden, S. 43.

43 W. W. Dyer, Der wunde Punkt, S. 49.

44 »Biophilie ist die leidenschaftliche Liebe zum Leben und allem Lebendigen; sie ist der Wunsch, das Wachstum zu fördern, ob es sich nun um einen Menschen, eine Pflanze, eine Idee oder eine soziale Gruppe handelt. Der biophile Mensch baut lieber etwas Neues auf, als dass er das Alte bewahrt.« E. Fromm, Anatomie der menschlichen Destruktivität, S. 411.

45 W. W. Dyer, Der wunde Punkt, S. 141.

46 Lin Yutang, Weisheit des lächelnden Lebens, S. 121.

47 Mengzi, latinisiert Mencius, ca. um 370–290 v. Chr., war der bedeutendste Nachfolger des Konfuzius, siehe http://de.wikipedia.org/wiki/Mengzi, abgerufen am 18. 9. 2011.

48 Lin Yutang, Weisheit des lächelnden Lebens, S. 115.

49 Bericht einer Lehrkraft im Rahmen der Forschungsseminare, die dem Buch »Mut zum Unterricht« zugrunde liegen.
50 Vgl. J. Bauer, Warum ich fühle, was du fühlst.
51 Zitiert nach H. Ernst, Sucht nach Arbeit – Flucht in die Arbeit?, S. 102.
52 H. Ernst, Sucht nach Arbeit – Flucht in die Arbeit?, S. 103.
53 R. A. Perner, Kaktusmenschen, S. 120 ff.
54 W. Gross, Sucht ohne Drogen, S. 106.
55 W. Gross, Sucht ohne Drogen, S. 107.
56 W. Gross, Sucht ohne Drogen, S. 112.
57 Lin Yutang, Weisheit des lächelnden Lebens, S. 63.
58 Märchen von Hans Christian Andersen, S. 93.
59 C. Maier, Die Entdeckung der Faulheit, S. 103.
60 Als »Lüftler« werden in Österreich Menschen bezeichnet, die in geistigen Höhenflügen abheben und damit den Boden der Realität unter den Füßen verlieren. Ich verwende das Wort an dieser Stelle deshalb, weil man Überblick, daher eine übergeordnete Position braucht, um den Weg aus dem Labyrinth zu sehen. Man kann aber auch gemeinsam mit den darin Befindlichen das Labyrinth abbauen …
61 M. Fox, Mitfühlen, Mitdenken, Mitfreuen, S. 132.
62 A. Finkielkraut, Verlust der Menschlichkeit, S. 132.
63 R. A. Perner, Die Überwindung der Ich-Sucht, S. 11.
64 D. Deckstein/P. Felixberger, Arbeit neu denken, S. 64.
65 D. Deckstein/P. Felixberger, Arbeit neu denken, S. 65.
66 N. Chodorow, Das Erbe der Mütter, S. 20.
67 N. Chodorow, Das Erbe der Mütter, S. 224.
68 J. Schlandt, Die Kruppsiedlungen, S. 108.
69 J. Schlandt, Die Kruppsiedlungen, S. 109.
70 J. Schlandt, Die Kruppsiedlungen, S. 110.
71 J. Schlandt, Die Kruppsiedlungen, S. 111.
72 Vgl. I. Zertal/A. Eldar, Die Herren des Landes.
73 G. Hüther, Was wir sind und was wir sein könnten, S. 104 f.
74 R. A. Perner, PROvokativpädagogik – Das Konzept, S. 198.
75 Georges Devereux, Angst und Methode in den Verhaltenswissenschaften; Paul Feyerabend, Wider den Methodenzwang; Ludwik Fleck, Entstehung und Entwicklung einer wissenschaftlichen Tatsache.
76 Lin Yutang, Weisheit des lächelnden Lebens, S. 447.
77 M. Schatzman, Die Angst vor dem Vater, S. 8.

78 So der Titel der Buchfassung der amerikanischen soziologischen Dissertation des österreichischen Juristen und amerikanischen Soziologieprofessors Paul Martin Neurath.

79 V. Packard, Die große Verschwendung, S. 67 ff.

80 V. Packard, Die große Verschwendung, S. 81.

81 V. Packard, Die große Verschwendung, S. 81.

82 A. Finkielkraut, Verlust der Menschlichkeit, S. 161.

83 Vgl. E. Fromm, Haben oder Sein.

84 I. Velikovsky, Das kollektive Vergessen, S. 79.

85 I. Velikovsky, Das kollektive Vergessen, S. 80.

86 R. Sennett, Der flexible Mensch, S. 12.

87 R. Sennett, Der flexible Mensch, S. 25.

88 http://derstandard.at/2784028

89 R. Sennett, Der flexible Mensch, S. 28.

90 B. C. Han, Müdigkeitsgesellschaft, S. 20.

91 R. Sennett, Der flexible Mensch, S. 29.

92 J. Assmann, Herrschaft und Heil, S. 151.

93 C. Maier, Die Entdeckung der Faulheit, S. 34.

94 E. Fromm, Wege aus einer kranken Gesellschaft, S. 156.

95 I. Velikovsky, Das kollektive Vergessen, S. 17.

96 A. Miller, Du sollst nicht merken, S. 142.

97 I. Velikovsky, Das kollektive Vergessen, S. 175.

98 E. Fromm, Wege aus einer kranken Gesellschaft, S. 157 f.

99 G. Hüther, Was wir sind und was wir sein könnten, S. 74.

100 Ich erlebe immer wieder Verwunderung und hohe Anerkennung, weil ich stets so schnell es mir möglich ist, auf E-Mails reagiere – selbst wenn ich eine Absage erteile. Mir ist das sehr wichtig als Zeichen meines Bemühens, die psychische Gesundheit anderer Menschen nicht durch Überheblichkeit oder Ignoranz zu verletzen. Ich weiß auch aus meiner Selbsterfahrung, wie schmerzlich das Warten auf »ankommen dürfen« ist – und ich weiß zusätzlich aus meiner Berufserfahrung, dass jemand, der diesen Schmerz verleugnet, sich aus Selbstschutz eine »seelische Hornhaut« hat wachsen lassen.

101 P. P. Kaspar, Knabenseminar, S. 100.

102 J. Assmann, Herrschaft und Heil, S. 134.

103 C. Maier, Die Entdeckung der Faulheit, S. 56.

104 A. Finkielkraut, Verlust der Menschlichkeit, S. 166.

105 A. Finkielkraut, Verlust der Menschlichkeit, S. 167.

106 C. Maier, Die Entdeckung der Faulheit, S. 124.

107 Der russische Wirtschaftswissenschaftler Nikolai Kondratieff konsta-
     tierte, dass in Zeitabständen von 45 bis 60 Jahren technische Erneue-
     rungen zu Wirtschaftsaufschwüngen führen, bis diese wieder abflachen
     und einem neuen derartigen Langzyklus weichen. Üblicherweise wird
     der erste dieser Zyklen der Erfindung der Dampfmaschine/Baumwolle
     (um 1800), der zweite Eisenbahn/Stahl (um 1850), der dritte Elektro-
     technik/Chemie (um 1900), der vierte Petrochemie/Automobil
     (um 1950) und der fünfte Informationstechnik/Telekommunikation
     (um 2000) zugeordnet.

108 L. A. Nefiodow, Der sechste Kondratieff, S. 135.

109 C. Maier, Die Entdeckung der Faulheit, S. 126.

110 J. Cremerius, Die psychoanalytische Behandlung der Reichen und
     Mächtigen, S. 227.

111 M. Fox, Mitfühlen, Mitdenken, Mitfreuen, S. 226.

112 B. C. Han, Müdigkeitsgesellschaft, S. 12.

113 B. C. Han, Müdigkeitsgesellschaft, S. 14.

114 B. C. Han, Müdigkeitsgesellschaft, S. 17.

115 B. Andersch, Ego-Marketing; W. Langthaler/J. Zugmann, Die ICH-
     Aktie; C. Seidl/W. Beutelmeyer, Die Marke ICH®.

116 B. C. Han, Müdigkeitsgesellschaft, S. 21 ff.

117 R. A. Perner, Dialob, S. 168 ff.

118 C. Maier, Die Entdeckung der Faulheit, S. 54.

119 C. Maier, Die Entdeckung der Faulheit, S. 55.

120 I. Velikovsky, Das kollektive Vergessen, S. 77.

121 L. A. Nefiodow, Der sechste Kondratieff, S. 137.

122 Lin Yutang, Weisheit des lächelnden Lebens, S. 295.

123 J. Laplanche/J.-B. Pontalis, Das Vokabular der Psychoanalyse, S. 284.

124 S. Freud, Das Unbehagen in der Kultur, S. 233.

125 C. Maier, Die Entdeckung der Faulheit, S. 90 f.

126 A. Maslow, Motivation und Persönlichkeit, S. 62 ff.

127 A. Maslow, Motivation und Persönlichkeit, S. 77.

128 E. Fromm, Wege aus einer kranken Gesellschaft, S. 107.

129 R. A. Perner, Heute schon geliebt?, S. 39 ff.

130 C. Maier, Die Entdeckung der Faulheit, S. 60.

131 R. Bandler/J. Grinder, Metasprache und Psychotherapie. Struktur der
     Magie I; J. Grinder/R. Bandler, Kommunikation und Veränderung.
     Die Struktur der Magie II.

132 So habe ich 2004 im Rahmen der von mir mitbegründeten Paracelsus-
    Akademie in Villach Bert Hellinger ins Gesicht gesagt, ich könne seine
    »kreative Leistung«, die von Virginia Satir und anderen konzipierte
    Methode des Familien-Stellens weiterentwickelt zu haben, durchaus
    wertschätzen – ich verwahrte mich als langjähriges Mitglied des
    Psychotherapiebeirats des österreichischen Gesundheitsministeriums
    (das übrigens in einem Rundschreiben an lizensierte Psychothera-
    peut/innen eine ablehnende Haltung gegenüber dieser als gesund-
    heitsproblematisch eingeschätzten Methode einnahm) aber dagegen,
    dass er in diesem Zusammenhang das gesetzlich geschützte Wort
    Psychotherapie verwende.

133 Vgl. K. Tepperwein, Geistheilung durch sich selbst.

134 Vgl. A. Bierach, Mentales Training.

135 Vgl. die Bücher von Clemens Kuby.

136 C. Evans, Kulte des Irrationalen, S. 248.

137 G. Bach/H. Molter, Psychoboom, S. 15.

138 Vgl. R. A. Perner, Sein wie Gott.

139 V. Frankl, Der unbewusste Gott, S. 84.

140 G. Bach/H. Molter, Psychoboom, S. 18.

141 Vgl. H. Lindemann, Überleben im Stress – Autogenes Training.

142 Vgl. H. Benson, Heilung durch Glauben.

143 Vgl. C. Simonton, Wieder gesund werden.

144 Vgl. F. Teegen, Die Bildersprache des Körpers.

145 Vgl. R. A. Perner, Die Hausapotheke für die Seele.

146 H. Benson, Heilung durch Glauben, S. 168.

147 R. A. Perner, Kaktusmenschen, S. 39 ff.

148 Wie etwa in den Büchern von Louise Hay, z. B. Gesundheit für Körper
    und Seele.

149 G. Bach/H. Molter, Psychoboom, S. 181.

150 C. Evans, Kulte des Irrationalen, S. 249.

151 Daher empfiehlt es sich jedenfalls, nach der Rechtsform bzw. nach
    staatlichen Zertifizierungen zu fragen, z. B. durch die Universität für
    Fort- und Weiterbildung in Krems www.donau-uni.ac.at.

152 C. Evans, Kulte des Irrationalen, S. 248.

153 R. A. Perner, Kaktusmenschen, S. 36 ff.

154 Der Begriff des Mana stammt aus Polynesien und bezeichnet eine
    übernatürliche – »göttliche« – Wirkkraft, die manchen menschlichen
    Wesen (z. B. Heilern, Priestern, Königen) eigen ist und übertragen

werden kann. Ich sehe darin vor allem die Wirkung eines weitgehend sorgenfreien, weil umsorgten Lebens.

155 Vgl. A. Mitscherlich, Die Unfähigkeit zu trauern.

156 C. Evans, Kulte des Irrationalen, S. 95.

157 C. Evans, Kulte des Irrationalen, S. 111.

158 H. Benson, Heilung durch Glauben, S. 154.

159 R. Schweidlenka, Altes blüht aus Ruinen, S. 16 f.

160 Dazu experimentierte der selbsternannte Satanistenführer Aleister Crowley mit sexualmagischen Praktiken und führte penible Aufzeichnungen darüber, ob und wie die Kurse »seiner« Aktien reagieren mochten (vgl. M. D. Eschner, Die geheimen sexualmagischen Unterweisungen des Tieres 666).

161 Vgl. E. Gugenberger, Hitlers Visionäre.

162 P. Hopkins, Der Faktor Zeit, S. 209.

163 Vgl. R. A. Perner, Die Wahrheit wird euch frei machen.

164 K. Brandl, Auf spirituellen Abwegen, S. 117.

165 G. Bach/H. Molter, Psychoboom, S. 12.

166 I. Illich, Die Nemesis der Medizin, S. 74.

167 J. W. Goethe, Faust I, Szene in Auerbachs Keller.

168 Lin Yutang, Weisheit des lächelnden Lebens, S. 186.

169 Vgl. T. Moser, Dabei war ich doch sein liebstes Kind, sowie derselbe, Dämonische Figuren.

170 Vgl. J. Wulf, Theater und Film im Dritten Reich.

171 G. Schmidt, Das große DER DIE DAS, S. 17.

172 G. Schmidt, Das große DER DIE DAS, S. 19 ff.

173 G. Schmidt, Das große DER DIE DAS, S. 22.

174 G. Schmidt, Das große DER DIE DAS, S. 48.

175 G. Schmidt, Das große DER DIE DAS, S. 50.

176 G. Schmidt, Das große DER DIE DAS, S. 51.

177 E. Fromm, Wege aus einer kranken Gesellschaft, S. 118.

178 A. Ehrenberg, Das erschöpfte Selbst, S. 143 ff.

179 A. Ehrenberg, Das erschöpfte Selbst, S. 145 ff.

180 A. Ehrenberg, Das erschöpfte Selbst, S. 147.

181 W. Gross, Hinter jeder Sucht ist eine Sehnsucht, S. 127 ff.

182 W. Gross, Hinter jeder Sucht ist eine Sehnsucht, S. 134.

183 H. Ernst, Sucht nach Arbeit – Flucht in Arbeit?, S. 104.

184 Lin Yutang, Weisheit des lächelnden Lebens, S. 173.

185 1090 Wien, Lustkandlgasse 50.

186 Vgl. R. A. Perner, Kaktusmenschen, S. 161 ff.

187 Lin Yutang, Weisheit des lächelnden Lebens, S. 422.

188 Zur Erinnerung: den gegenwärtigen Augenblick und die eigene Spontanreaktion darauf wahrnehmen, alternative Verhaltensweisen aufsuchen und gegebenenfalls neu erfinden und für die folgliche Wahl die Verantwortung übernehmen.

189 E. Rossi, 20 Minuten Pause, S. 42.

190 J. Hillman, Die Heilung erfinden, S. 136.

191 J. Hillman, Die Heilung erfinden, S. 135 f.

192 J. Hillman, Die Heilung erfinden, S. 138.

193 J. Hillman, Die Heilung erfinden, S. 139 f.

194 Lin Yutang, Weisheit des lächelnden Lebens, S. 331 ff.

195 B. Sher/B. Smith, Ich könnte alles tun, wenn ich nur wüsste, was ich will, S. 306 f.

196 M. Fox, Mitfühlen, Mitdenken, Mitfreuen, S. 105.

197 E. Rossi, 20 Minuten Pause, S. 181.

198 Vgl. E. Goffman, Wir alle spielen Theater.

199 Lin Yutang, Weisheit des lächelnden Lebens, S. 122.

200 A. Ehrenberg, Das erschöpfte Selbst, S. 221.

201 Lin Yutang, Weisheit des lächelnden Lebens, S. 216.

202 J. Bauer, Warum ich fühle, was du fühlst, S. 36.

203 R. A. Perner, Wort auf Rezept, S. 143 ff.

204 M. Fox, Mitfühlen, Mitdenken, Mitfreuen, S. 57 ff.

205 M. Fox, Mitfühlen, Mitdenken, Mitfreuen, S. 132 f.

206 www.fgoe.org

207 A. Finkielkraut, Verlust der Menschlichkeit, S. 34 ff.

208 M. Fox, Mitfühlen, Mitdenken, Mitfreuen, S. 134 f.

209 L. Francia, Spielend scheitern, S. 10.

210 L. Francia, Spielend scheitern, S. 15.

211 T. Zehentner, Bauchgedanken, Kopfgefühle, S. 110.

212 M. Fox, Mitfühlen, Mitdenken, Mitfreuen, S. 135.

213 A. v. Schönburg, Die Kunst des stilvollen Verarmens, S. 41.

214 A. Holl, Der lachende Christus, S. 37 f.

215 M. Fox, Mitfühlen, Mitdenken, Mitfreuen, S. 116.

216 B. Knab, Warum wir immer das Falsche vergessen, S. 57.

217 H. Fritz, Besser leben mit Work-Life-Balance, S. 7.

218 H. Fritz, Besser leben mit Work-Life-Balance, S. 24 ff.

219 T. Rolus, In Balance, S. 28 f.

220 J. Assmann, Herrschaft und Heil, S. 207.

221 R. A. Perner, Wort auf Rezept, S. 143 ff.

222 T. Rolus, In Balance, S. 7.

223 H. M. Cobaugh/S. Schwerdtfeger, Work-Life-Balance, S. 16.

224 C. Maier, Die Entdeckung der Faulheit, S. 23.

225 C. Maier, Die Entdeckung der Faulheit, S. 24 f.

226 A. Holl, Der lachende Christus, S. 167.

227 So lautete auch der Titel des Buches von Byron Katie, in dem sie die vier Erkenntnisschritte beschreibt, die ihr halfen, sich von ihrer Alkoholsucht zu befreien.

228 Fetischismus bedeutet, dass statt der gesamten Person nur ein Teil von ihr – Haare, Füße, Geruch, etwa auch der getragener Kleidungsstücke – zum Objekt sexueller Lust fragmentiert.

229 Lin Yutang, Weisheit des lächelnden Lebens, S. 331 f.

230 M. Fox, Mitfühlen, Mitdenken, Mitfreuen, S. 258.

231 R. Charles D. C., zitiert nach M. Fox, Mitfühlen, Mitdenken, Mitfreuen, S. 258.

232 Sechssemestrige Ausbildung in Lebens- und Sozialberatung mit Spezialisierung auf Fragen der Sexualität, Gewaltprävention und Gender-Kompetenz siehe www.perner.info und www.salutogenese.or.at bzw. www.gamed.or.at.

233 Lin Yutang, Weisheit des lächelnden Lebens, S. 218.

234 A. Finkielkraut, Verlust der Menschlichkeit, S. 61.

235 A. Finkielkraut, Verlust der Menschlichkeit, S. 135.

236 A. Ehrenberg, Das erschöpfte Selbst, S. 171.

237 E. Rossi, 20 Minuten Pause, S. 142 f.

238 E. Fromm, Wege aus einer kranken Gesellschaft, S. 156.

239 E. Fromm, Wege aus einer kranken Gesellschaft, S. 175.

240 D. Wiederkehr, Perspektiven der Eschatologie. Zitiert in: G. Steger, Rote Fahne, schwarzes Kreuz, S. 16.

241 M. Fox, Mitfühlen, Mitdenken, Mitfreuen, S. 177.

Andersch Bernd, Ego-Marketing. Erfolgreich und selbstsicher im Beruf.
    Econ TB, Düsseldorf 1991
Assmann Jan, Herrschaft und Heil. Politische Theologie in Altägypten,
    Israel und Europa. Carl Hanser Verlag, München-Wien 2000
Bach George / Molter Haja, Psychoboom – Wege und Abwege moderner
    Therapie. Rowohlt TB, Reinbek 1979
Badelt Felix, Psychosomatische Vorsorgemedizin. Seelische Balance durch
    polares Denken und altchinesische Phasenwandlungslehre. Springer,
    Wien-New York 2008
Balint Enid / Norell J. S. (Hg.), Fünf Minuten pro Patient. Eine Studie über
    die Interaktionen in der ärztlichen Allgemeinpraxis. Suhrkamp TB,
    Frankfurt / M. 1977
Bandler Richard / Grinder John, Metasprache und Psychotherapie. Struktur
    der Magie I. Junfermann Verlag, Paderborn 1981 / 84
Bateson Gregory, Ökologie des Geistes. Anthropologische, psychologische,
    biologische und epistemologische Perspektiven. Suhrkamp TB, Frank-
    furt / M. 1981 / 85
Bauer Joachim, Das Gedächtnis des Körpers. Wie Beziehungen und
    Lebensstile unsere Gene steuern. Piper, München 2004 / 06
Bauer Joachim, Warum ich fühle, was du fühlst. Intuitive Kommunikation
    und das Geheimnis der Spiegelneurone. Hoffmann und Campe,
    Hamburg 2005 / 06
Benson Herbert, Heilung durch Glauben – Die Beweise. Selbstheilung in
    der Neuen Medizin. Heyne, München 1997
Bierach Alfred, Mentales Training. Neue Lern- und Lebenserfolge durch
    vertiefte Entspannung. Econ Verlag, Düsseldorf-Wien 1979
Bohm David, Der Dialog. Das offene Gespräch am Ende der Diskussionen.
    Klett Cotta, Stuttgart 1998 / 2008

Brandl Karin, Auf spirituellen Abwegen. Biographie des Missbrauchs. Novum Verlag, München 2008

Buber Martin, Das dialogische Prinzip. Verlag Lambert Schneider, Heidelberg 1984

Byung-Chul Han, Müdigkeitsgesellschaft. Matthes & Seitz, Berlin 2010/11

Chodorow Nancy, Das Erbe der Mütter. Psychoanalyse und Soziologie der Geschlechter. Verlag Frauenoffensive, München 1985

Cobaugh Heike M./Schwerdtfeger Susanne, Work-Life-Balance. So bringen Sie Ihr Leben (wieder) ins Gleichgewicht. Redline Wirtschaft bei verlag moderne industrie, München 2003

Cremerius Johannes, Die psychoanalytische Behandlung der Reichen und Mächtigen. In: Cremerius Johannes, Vom Handwerkzeug des Psychoanalytikers: Das Werkzeug der psychoanalytischen Technik, Band 2. fromman-holzboog, Stuttgart 1984

Dahlke Rüdiger, Das senkrechte Weltbild. Symbolisches Denken in astrologischen Urprinzipien. Wilhelm Heyne Verlag, München 1993

Deckstein Dagmar/Felixberger Peter, Arbeit neu denken. Wie wir die Chancen der New Economy nutzen können. Campus Verlag, Frankfurt/M. 2000

De Shazer Steve, … Worte waren ursprünglich Zauber. Lösungsorientierte Kurztherapie in Theorie und Praxis. verlag modernes lernen, Dortmund 1996

Devereux Georges, Angst und Methode in den Verhaltenswissenschaften. Suhrkamp TB, Frankfurt/M. 1984/88

Dyer Wayne W., Der wunde Punkt. Die Kunst, nicht unglücklich zu sein. Rowohlt TB, Reinbek 1980/84

Ehrenberg Alain, Das erschöpfte Selbst. Depression und Gesellschaft in der Gegenwart. Suhrkamp TB, Frankfurt/M. 2004

Ernst Heiko, Sucht nach Arbeit – Flucht in Arbeit? In: Korczak Dieter (Hg.), Die betäubte Gesellschaft s. u.

Eschner Michael D., Die geheimen sexualmagischen Unterweisungen des Tieres 666. Johanna Bohmeier & Co, Berlin 1985

Evans Christopher, Kulte des Irrationalen – Sekten, Schwindler, Seelenfänger. Rowohlt TB, Reinbek 1979

Feyerabend Paul, Wider den Methodenzwang, Suhrkamp TB, Frankfurt/M. 1976/99

Finkielkraut Alain, Verlust der Menschlichkeit. Versuch über das 20. Jahrhundert. dtv, München 2000

Fleck Ludwik, Entstehung und Entwicklung einer wissenschaftlichen Tatsache. Einführung in die Lehre vom Denkstil und Denkkollektiv. Suhrkamp TB, Frankfurt/M. 1980

Fox Matthew, Mitfühlen, Mitdenken, Mitfreuen. Die neue Verantwortlichkeit des Menschen an der Schwelle zum 3. Jahrtausend. Scherz, Bern-München-Wien 1994

Francia Luisa, Spielend scheitern. Leidfaden für Frauen mit 13 Tipps zum Misserfolg. Verlag Frauenoffensive, München 1990/91

Frankl Viktor E., Der unbewusste Gott. Psychotherapie und Religion. dtv, München 1988

Freud Sigmund, Das Unbehagen in der Kultur. In: Sigmund Freud Studienausgabe Band IX, Fragen der Gesellschaft – Ursprünge der Religion. S. Fischer, Frankfurt/M. 1974/2003

Fritz Hannelore, Besser leben mit Work – Life – Balance. Wie Sie Karriere, Freizeit und Familie in Einklang bringen. Eichborn, Frankfurt/M. 2003

Fromm Erich, Anatomie der menschlichen Destruktivität. Rowohlt TB, Reinbek 1977/79

Fromm Erich, Wege aus einer kranken Gesellschaft. Eine sozialpsychologische Untersuchung. dtv, München 1991/2006

Fuchs Anneliese, Mein Charakter ist nicht mein Schicksal. Grundmuster des Lebens für mich nutzen. Böhlau, Wien 2007

Goffman Erving, Wir alle spielen Theater. Die Selbstdarstellung im Alltag. Piper TB, München 1983/2007

Grinder John/Bandler Richard, Kommunikation und Veränderung. Die Struktur der Magie II. Junfermann Verlag, Paderborn 1982

Gross Werner, Hinter jeder Sucht ist eine Sehnsucht. Hilfen für den Umgang mit unseren Alltagsdrogen: Essen, Fernsehen, Musikhören, Arbeiten. Herder TB, Freiburg im Breisgau 1985

Gross Werner, Sucht ohne Drogen. Arbeiten, Spiele, Essen, Lieben … Fischer TB, Frankfurt/M. 1990

Gugenberger Eduard, Hitlers Visionäre. Die okkulten Wegbereiter des Dritten Reichs. Ueberreuter, Wien 2001

Hagl Siegfried, Spreu und Weizen. Im Dschungel der Esoterik. Gralsverlag, Purgstall 2003

Hay Louise L., Gesundheit für Körper und Seele. Wie Sie durch mentales Training Ihre Gesundheit erhalten und Krankheiten heilen. Heyne, München 1984

Helms Hans G. / Janssen Jörn (Hg.), Kapitalistischer Städtebau. Luchter-
    hand, Neuwied 1970
Hillmann James, Die Heilung erfinden. Eine psychotherapeutische Poetik.
    Schweizer Spiegel Verlag, Zürich 1986
Holl Adolf, Der lachende Christus. Paul Zsolnay Verlag, Wien 2005
Hopkins Philip, Der Faktor Zeit. In: Enid Balint / J. S. Norell (Hg.), s. o.
Illich Ivan, Die Nemesis der Medizin. Von den Grenzen des
    Gesundheitswesens. Rowohlt TB, Reinbek 1977 / 81 / 84
Jacobi Jolande, Die Psychologie von C. G. Jung. Eine Einführung in das
    Gesamtwerk. Fischer TB, Frankfurt / M., 1977 / 82
Kierkegaard Sören, Die Krankheit zum Tode. Gütersloher Verlagshaus,
    Gütersloh 1982
Knab Barbara, Warum wir immer das Falsche vergessen.
    Gebrauchsanweisung für das Gedächtnis. Herder, Freiburg / Breisgau,
    2006
Korczak Dieter (Hg.), Die betäubte Gesellschaft. Süchte: Ursachen –
    Formen – Therapien. Fischer TB, Frankfurt / M. 1986
Langthaler Werner / Zugmann Johanna, Die ICH-Aktie. Mit neuem
    Karrieredenken auf Erfolgskurs. Frankfurter Allgemeine Buch,
    Frankfurt / M. 2000
Laplanche Jean / Pontalis Jean-Bertrand, Das Vokabular der Psychoanalyse.
    Suhrkamp TB, Frankfurt / M. 1973 / 86
Lin Yutang, Weisheit des lächelnden Lebens. Das Geheimnis erfüllten
    Daseins. Rowohlt TB, Reinbek 1960 / 84
Lindemann Hannes, Überleben im Stress – Autogenes Training. Der Weg
    zur Entspannung – Gesundheit – Leistungssteigerung. Heyne,
    München 1977
Märchen der Brüder Grimm mit 100 Bildern nach Aquarellen von Ruth
    Koser-Michaels. Droemer Knaur, München 1937
Märchen von Hans Christian Andersen mit 100 Bildern nach Aquarellen
    von Ruth Koser-Michaels. Droemer Knaur, München 1938
Maier Corinne, Die Entdeckung der Faulheit. Von der Kunst, bei der
    Arbeit möglichst wenig zu tun. Wilhelm Goldmann Verlag,
    München 2005
Maslow Abraham, Motivation und Persönlichkeit. Rowohlt TB,
    Reinbek 1981
Maslow Abraham, Psychologie des Seins. Ein Entwurf. Kindler TB,
    München 1973 / 81

Menninger Karl, Das Leben als Balance. Kindler Geist und Psyche,
  München 1974
Miller Alice, Du sollst nicht merken. Variationen über das Paradies-Thema.
  Suhrkamp, Frankfurt/M. 1981
Mitscherlich Alexander, Die Unfähigkeit zu trauern. Grundlagen kollek-
  tiven Verhaltens. Piper, München 1967
Moser Tilmann, Dabei war ich doch sein liebstes Kind. Eine Psycho-
  therapie mit der Tochter eines SS-Mannes. Kösel, München 1997
Moser Tilmann, Dämonische Figuren. Die Wiederkehr des Dritten Reiches
  in der Psychotherapie. Suhrkamp TB, Frankfurt/M. 1996
Nefiodow Leo A., Der sechste Kondratieff. Wege zur Produktivität und
  Vollbeschäftigung im Zeitalter der Information. Rhein-Sieg-Verlag,
  Sankt Augustin 1996/2001
Neurath Paul Martin, Die Gesellschaft des Terrors. Innenansichten der
  Konzentrationslager Dachau und Buchenwald. Suhrkamp, Frankfurt/
  M. 2004
Packard Vance, Die große Verschwendung. Fischer TB,
  Frankfurt/M. 1964
Pachmann Ingrid, Von Sterndeutern, Hellsehern und uraltem Wissen.
  Berichte von Menschen mit besonderen Fähigkeiten. Molden Verlag,
  Wien 2006
Perner Rotraud A., Dialob – Der Dialog als Grundlage der
  PROvokativpädagogik. In: Benesch Michael, Die Psychologie des
  Dialogs. Facultas, Wien 2011
Perner Rotraud A., Die Hausapotheke für die Seele – Erste Hilfe von
  A(ngst) bis Z(orn). Deuticke, Wien 2005
Perner Rotraud A., Die Überwindung der Ich-Sucht. Sozialkompetenz und
  Salutogenese. Studienverlag, Innsbruck 2009
Perner Rotraud A., Hand – Herz – Hirn. Zur Salutogenese mentaler
  Gesundheit. Aaptos, Matzen-Wien 2011
Perner Rotraud A., Heute schon geliebt? Sexualität & Salutogenese.
  Aaptos, Matzen-Wien 2007
Perner Rotraud A., Kaktusmenschen. Über den Umgang mit verletzendem
  Verhalten. Orac, Wien 2011
Perner Rotraud A., Königin! Über weibliche Kraft. Kösel, München 2009
Perner Rotraud A., Kultur des Teilens – Einladung zu einem dialogischen
  Leben. Ueberreuter, Wien 2002
Perner Rotraud A. (Hg.), Mut zum Unterricht. Aaptos, Matzen-Wien 2007

Perner Rotraud A., Sein wie Gott. Von der Macht der Heiler. Priester, Psychotherapeuten, Politiker. Kösel, München 2002

Perner Rotraud A. (Hg.), Stress & Alter. Aaptos, Matzen-Wien 2006

Perner Rotraud A., Wort auf Rezept. Gesundheit kommunizieren. Eine Einführung in Gesprächsmedizin – nicht nur für Gesundheitsberufe. Aaptos, Matzen-Wien 2007

Platta Holger, New-Age-Therapien. Rebirthing, Reinkarnation, Transpersonale Psychologie: pro und contra. Rowohlt TB, Reinbek 1997

Reik Theodor, Hören mit dem dritten Ohr. Fischer TB, Frankfurt / M. 1983

Rolus Tanja, In Balance. Karriere, Familie, Freizeit. Beltz Verlag, Weinheim, Basel, Berlin 2003

Rossi Ernest L., Nimmons David, 20 Minuten Pause. Wie Sie seelischen und körperlichen Zusammenbruch verhindern können ... Junfermann, Paderborn 1993 / 94

Schatzman Morton, Die Angst vor dem Vater. Langzeitwirkungen einer Erziehungsmethode. Eine Analyse am Fall Schreber. Rowohlt TB, Reinbek 1974 / 84

Schlandt Joachim, Die Kruppsiedlungen – Wohnungsbau im Interesse eines Industriekonzerns. In: H. G. Helms / J. Janssen, Kapitalistischer Städtebau, s. o., S. 95 ff.

Schmidt Gunter, Das große DER DIE DAS. Über das Sexuelle. Rowohlt TB, Reinbek 1988

Schnabel Ulrich, muße. Vom Glück des Nichtstuns. Karl Blessing Verlag, München 2010

Schönburg Alexander von, Die Kunst des stilvollen Verarmens. Wie man ohne Geld reich wird. Rowohlt TB, Reinbek 2008

Schülein Johann August, Psychotechnik als Politik. Syndikat, Frankfurt / M. 1976

Schweidlenka Roman, Altes blüht aus den Ruinen. New Age und neues Bewusstsein. Verlag für Gesellschaftskritik, Wien 1989

Seidl Conrad / Beutelmeyer Werner, Die Marke ICH®. So entwickeln Sie Ihre persönliche Erfolgsstrategie. Redline Wirtschaft, Heidelberg 2003 / 06

Sennett Richard, Der flexible Mensch. Die Kultur des neuen Kapitalismus. Berlin Verlag, Berlin 1998

Sher Barbara / Smith Barbara, Ich könnte alles tun, wenn ich nur wüsste, was ich will. dtv, München 2005 / 08

Simonton O. Carl / Matthew-Simonton Stephanie / Creighton James,
Wieder gesund werden. Eine Anleitung zur Aktivierung der Selbst-
heilungskräfte für Krebspatienten und ihre Angehörigen. Rowohlt,
Reinbek 1982/84

Steger Gerhard, Rote Fahne, schwarzes Kreuz. Die Haltung der Sozial-
demokratischen Arbeiterpartei Österreichs zu Religion, Christentum
und Kirchen. Von Hainfeld bis 1934. Böhlau, Wien 1984

Teegen Frauke, Die Bildersprache des Körpers. Gesundheit kann gelernt
werden. Rowohlt, Reinbek 1992

Tepperwein Kurt, Geistheilung durch sich selbst. Gesund und glücklich
durch Psychoenergetik und Hypnomeditation. Goldmann, München
1983/84

Velikovsky Immanuel, Das kollektive Vergessen. Verdrängte Katastrophen
der Menschheit. Ullstein, Frankfurt/M. 1987

Wittgenstein Ludwig, Tractatus logico-philosophicus / logisch-philo-
sophische Abhandlung. edition suhrkamp, Frankfurt/M. 1963

Wulf Joseph, Theater und Film im Dritten Reich. Rowohlt TB, Reinbek
1966

Zauner-Dungl Andrea / Krist-Dungl Claudia, Gut leben. Genuss und
Gesundheit mit der Dungl-Philosophie. Goldegg Verlag, Wien 2011

Zehentner Traude, Bauchgedanken, Kopfgefühle. Frischfleisch, Wien o. A.

Zertal Idith / Eldar Akiva, Die Herren des Landes. Israel und die Siedlerbewegung seit 1967. Deutsche Verlags-Anstalt, München 2007

Christine Haiden
Petra Rainer

Sonderpaare
Gespräche über das Leben zu zweit

ISBN 978 3 7017 3236 4

Die Liebe ist ein seltsames Spiel ...
und jedes Paar ein kleines Wunder

Jedes Paar hat eine besondere Geschichte: Iny und Elmar Lorentz schreiben gemeinsam Bestseller (»Die Wanderhure«) und gehen mit dem Campingbus auf Lesereisen, während Extrembergsteigerin Gerlinde Kaltenbrunner und ihr Mann Ralf Dujmovits die Gefahr suchen. Rupert und Christl Neudeck (»Cap Anamur«) leben gemeinsam den Traum von einer besseren Welt, während die Schriftsteller Peter Turrini und Silke Hassler sich für getrennte Wohnsitze in zwei verschiedenen Dörfern entschieden haben. Ein Paar hat zweimal geheiratet, ein anderes nach einer Geschlechtsumwandlung zum Happy-End gefunden. Eva Maria und Wolfram Zurhorst, die Autoren von »Liebe dich selbst und es ist egal, wen du heiratest«, erzählen von den Grenzerfahrungen in ihrer Partnerschaft. Was zusammenhält und was wirklich zählt, darüber geben mehr als zwanzig besondere Paare in diesem Buch Auskunft, wunderbar ins Bild gesetzt von Petra Rainer.

»*Ein prächtiges Buch, das ein sprachlich wie optisches Vergnügen ist.*«
Die Furche

»*Petra Rainers sensationelles Gespür für das wesentliche Detail und Christine Haidens Treffsicherheit für die richtigen Fragen machen dieses Duo zu einem Wunder-Paar.*«
biblio

www.residenzverlag.at

Renée Schroeder
mit Ursel Nendzig

Die Henne und das Ei

Auf der Suche nach dem Ursprung
des Lebens

ISBN 978 3 7017 3248 7

»*Dieses Buch versammelt Vorstellungen über das Leben, die aus meinem
momentanen Wissensstand stammen, keine Dogmen. Es sind Anregungen,
keine Gebote. Es gibt keine hierarchischen Vorgaben. Außer dieser einen:
Man darf sich nie sicher sein, dass man recht hat.*«

Was ist der Mensch? Jeder Mensch will wissen, wer er ist und woher er
kommt. Die spannende Suche nach dem Molekül des Lebens führt die Bio-
chemikerin Renée Schroeder weit über die Grenzen ihres Faches hinaus zu
den Grundfragen des Seins. Woher kommen wir, wo geht es hin? Wie funktioniert Evolution und welche Rolle spielt der Zufall?

In diesem Buch zeigt die leidenschaftliche Wissenschaftlerin, was ange-
wandte Bioethik ist und welche Bedeutung das HennEi für unsere Zukunft
hat. Sie führt uns durch die faszinierende Welt der Moleküle und lässt uns
Einblick nehmen in ihr Weltbild, das sich täglich ändert, wie das Leben auch:
»Ein guter Tag ist ein Tag, an dem ich sagen kann: Das sehe ich jetzt anders.«

»*Eine spannende Kopf-Reise zu den Grundfragen des Seins.*«
News Leben

www.residenzverlag.at